本书出版得到了湖北省高校人文社科重点研究基地粮食经济研究中心研究课题、武汉轻工大学经济与管理学院科研培育项目的资助。

OTA主导的在线旅游供应链整合与优化研究

黄猛 著

华中科技大学出版社
http://press.hust.edu.cn
中国·武汉

内 容 简 介

　　网络平台经济的服务供应链构造与运作机制是"数字经济"相关研究的重要内容，培育以在线旅游企业为核心的旅游供应链综合服务运营商和信息平台，对于完善旅游供应链体系、提升旅游服务供给质效，以及推动旅游行业高质量发展意义重大。本书注重理论分析和实证研究相结合，通过重构在线旅游供应链理论模型、分析在线旅游者的消费行为和价值诉求，深入研究了在线旅游供应链的整合机理与路径、关系协调机制和优化策略，提出了OTA未来创新发展及其供应链优化的主要方向，具有较强的理论性和实践性。本书适合旅游管理、酒店管理、电子商务、大数据管理与应用等相关专业的本科生和研究生阅读，也可作为旅游行政管理部门、在线旅游从业人员的培训教材。

图书在版编目（CIP）数据

　　OTA主导的在线旅游供应链整合与优化研究 / 黄猛著. -- 武汉：华中科技大学出版社，2024.7. -- ISBN 978-7-5680-5781-3
　　Ⅰ．F592.1-39
　　中国国家版本馆CIP数据核字第20248MW990号

OTA主导的在线旅游供应链整合与优化研究　　　　黄猛　著
OTA Zhudao de Zaixian Lǜyou Gongyinglian Zhenghe yu Youhua Yanjiu

策划编辑：李家乐	
责任编辑：王梦嫣	
封面设计：廖亚萍	
责任校对：王亚钦	
责任监印：周治超	
出版发行：华中科技大学出版社（中国·武汉）	电话：(027)81321913
武汉市东湖新技术开发区华工科技园	邮编：430223
录　　排：孙雅丽	
印　　刷：武汉市洪林印务有限公司	
开　　本：710mm×1000mm　1/16	
印　　张：14	
字　　数：230千字	
版　　次：2024年7月第1版第1次印刷	
定　　价：98.00元	

本书若有印装质量问题，请向出版社营销中心调换
全国免费服务热线：400-6679-118　竭诚为您服务
版权所有　侵权必究

序

新一代信息技术和第四次工业革命正以惊人的发展速度改变着这个世界，智能手机、移动互联网已给我们的生活带来了深刻改变。中国在5G、大数据、云计算、人工智能和量子通信等方面已走在世界前列，在新技术的创新驱动下，传统产业面临转型升级和跨界融合的新机遇，以共享经济、平台经济、智能经济、流量经济、数字经济和创意经济等为代表的新产业、新业态、新模式蓬勃发展，重构着人与人、人与生活、人与世界的关系，这将为中国经济长期持续发展注入新动能。

现代旅游业正呈现出信息与知识密集型服务业（Knowledge-intensive Business Service，KIBS）的特质，从早期的全球分销系统（Global Distribution System，GDS）、旅游目的地网站、酒店管理信息系统、旅游预订呼叫系统到现在的智慧旅游集成系统，旅游信息化持续推动着行业变革。它涉及多主体、全过程、跨渠道的信息交换和精准对接，有效推进旅游生产方式、管理模式、营销模式和消费模式的转变，全面提升旅游产业的质量效益和核心竞争力，从而更好地满足游客个性化服务需求。

以在线旅游服务商（Online Travel Agency，OTA）为代表的第三方旅游综合服务运营商，在旅游产业链中的地位越来越重要，正推动着以"服务"为核心的体验经济1.0向以"交互"为核心的体验经济2.0跃升，成为旅游产业发展的重要组成部分。从世界范围来看，Priceline、Expedia、Tripadvisor、Trivago、MakeMyTrip、Airbnb等在线旅游企业已发展成为跨国巨头。从我国OTA发展情况来看，以携程、去哪儿、途牛、飞猪、同程、艺龙、穷游网、马蜂窝、芒果网等为代表的一大批在线旅游企业迅速崛起，并且有些已成功登陆了美国纳斯达克资本市场。2019年，中国在线旅游市场全年交易规模进入万亿时代，市场集中度显著，头部厂商继续高位运行。与此同时，互联网巨头和产业资本跨界进军在线旅游，如阿里、百度、美团、腾讯、京东、小红书、万达、海航、腾邦国际等，资本主导下的企业重组并购风起云涌。旅游电子商务模式经历了从B2C（Business to Customer，企业到用户）、C2C（Customer to Customer，用户到用户）到C2B（Customer to Business，用户到企业），再到S2B（Supply Chain Platform to Business，供应链平台到企业）的转变，在线旅游商业模式也逐步向O2O（Online to Offline，线上到线下）、OTP（Online Travel Platform，在线旅游平台）、OTM（Online Travel Marketplace，在线旅游生态）等更高级形态演进，平台的开放性、场景化和智能化对供应链协同提出了更高要求。疫情对中国旅游业造成巨大影响，但是文旅消费对人们的生活来说已必不可少。在线旅游技术变革必将助力旅游业复苏，促进旅游目的地可持续发展，更好地赋能旅游企业，并实现企业效益和游客体验的双赢。

在线旅游和信息技术的飞速发展，对我们的旅游教育和科学研究提出了巨大的现实挑战。产教融合、科教融合必将成为中国教育改革的主攻方向，高校应主动将现代信息技术引入到传统学科，开拓建设更具活力的"新文科"。因此，未来行业领袖和新锐必须既熟悉旅游行业，同时也懂得信息技术，具备互联网思维；旅游科学研究也应该更多地围绕行业发展热点和前沿，为实践提供更多的理论指导，引领未来行业发展方向。本书汇集了作者多年来对在线旅游产业的观察和思考，对在线旅游供应链的构造和演进提出了比较完整的理论框架，探讨了在线旅游供应链的整合路径和优化策略，对在线旅游企业未来发展具有前瞻性指导意义。

未来已来，正在成为流行！

中南财经政法大学

2024年5月

前　言

从2015年开始，旅游业全面融入国家战略体系，成为国民经济战略性支柱产业，成为关乎广大人民群众生活质量和幸福指数的民生产业、惠民产业和幸福产业。2018年和2019年，我国先后出台了《中共中央 国务院关于实施乡村振兴战略的意见》《国务院办公厅关于促进全域旅游发展的指导意见》和《国务院办公厅关于进一步激发文化和旅游消费潜力的意见》等文件，人民群众对文化和旅游的消费需求日益增长，未来文化和旅游将迈进高质量发展阶段。2024年5月，习近平总书记对旅游工作作出重要指示指出，旅游业从小到大、由弱渐强，日益成为新兴的战略性支柱产业和具有显著时代特征的民生产业、幸福产业，成功走出了一条独具特色的中国旅游发展之路；强调着力完善现代旅游业体系，加快建设旅游强国，让旅游业更好服务美好生活、促进经济发展、构筑精神家园、展示中国形象、增进文明互鉴。

信息是旅游活动的重要载体，旅游信息化是旅游业发展的重要推动力量。近年来，随着互联网、信息与通信技术在旅游业中的广泛应用，以及计算机、智能手机、平板电脑等信息终端的逐渐普及，我国旅游信息化的进程明显加快。信息技术变革与信息化建设为旅游业带来了新流程、新业态、新服务、新产品，越来越多的消费者通过网络购买旅游产品与服务，旅游企业开始重视产品与服务的网络化营销，同时以携程、同程、艺龙、去哪儿为代表的科技型旅游服务中间商日益发展壮大。在线旅游是指旅游者利用在线旅游服务平台浏览、搜索、交易和评价旅游产品与服务，它契合了网络与信息时代人们的生活和消费方式，让旅游者能够更加轻松、自由、个性化地完成旅游活动，增强了旅游过程中的互动性和体验感。OTA挣脱了时间和空间对旅游消费活动的束缚，改变了传统旅游企业的经营管理模式，有效解决了旅游市场中信息不对称的问题，已经成为信息时代旅游交易的新模式。OTA还改变了传统旅游产业的组织方式，重构了以在线旅游服务商为核心的旅游供应链结构模式，能够更好地将旅游目的地的产业要素聚合在一起，为消费者提供更多、更优质的旅游服务。

在线旅游服务商（第三方）通过搭建旅游信息平台让上游生产商和旅游消费者之间建立联系，形成了一种类似"在线旅行社"的网络旅游服务模式。笔者认为这种基于网络的新经济模式创造了有别于以旅行社为核心的传统供应链体系，信息技术对传统旅游供应链构成要素、结构模式和驱动机制等关键问题都产生了变革。此外，我国旅游信息化的加速发展推动了在线旅游技术的持续变革和运营模式的不断创新，技术改进、同质竞争、巨头涉足、传统旅行社变革等因素使得传统OTA面临转型升级问题，在线旅游供应链的资源整合与关系协调也面临着新的挑战。基于此，本书提出了以下四个问题：

（1）以信息网络为载体的在线旅游供应链结构模式和运行机制是怎样的？

（2）移动互联网络环境下在线旅游者的消费行为特征及其价值诉求发生了哪些变化？

（3）OTA主导下的在线旅游供应链整合路径与协调机制有哪些创新？

（4）我国传统OTA转型发展对在线旅游供应链优化带来了哪些机遇和变化？

为了回答上述问题，本书按照提出问题、分析问题和解决问题的研究思路，综合应用了消费者行为学、管理学、统计学、哲学等学科知识，采用了问卷调查、内容分析和理论演绎等方法。首先，梳理了在线旅游、旅游供应链等基本概念及其内涵，系统分析了信息技术对旅游供应链的影响。其次，在重新构建以在线旅游服务商为核心的旅游供应链模型的基础上，从旅游者价值诉求变化与识别、服务价值创新和合作价值分配三个方面探讨了在线旅游供应链的资源整合与关系协调问题。最后，围绕在线旅游供应链内部服务流、信息流、价值流、资金流和游客流等的变化规律，从增强供应链的柔性、敏捷性、精益性和改善脆弱性等方面，针对我国传统OTA转型中的在线旅游供应链优化提出了改进策略。

本书共分为五个部分，共八章。第一部分为绪论（第一章），分析了研究背景和研究意义，并对在线旅游、在线旅游服务商、旅游供应链等基本概念进行了界定和说明，设计了研究思路和技术路线。第二部分为基础研究（第二、三章），对国内外与在线旅游、旅游供应链相关的文献进行了梳理和评析，对拟借鉴的基础理论进行了简要阐述，并在此基础之上建构了以在线旅游服务商为核心的旅游供应链理论模型，并阐述了该模型的业务流程、运作方式及其保障机制。第三部分为重点研究（第四、五、六章），关注旅游供应链价值识别、价值创造与创新、价值分配问题，对应章节标题为以OTA为核心的在线旅游供应链模型构建、OTA主导的在线旅游供应链整合机理与路径、OTA主导的在线旅游供应链关系协调机制。第四部分为应用研究（第七章），结合国外在线旅游发展动态，从传统OTA转型升级的发展战略与具体措施来探寻我国在线旅游供应链优化的解决方案。第五部分为研究结论与展望（第八章）。

黄猛
2024年6月

目　录

第一章　信息化浪潮中的在线旅游 ……………………………………1
- 第一节　移动互联时代旅游服务与科技创新 ……………………1
- 第二节　在线旅游与旅游供应链 …………………………………6
- 第三节　研究内容、研究方法与技术路线 ………………………20

第二章　在线旅游与供应链研究进展 ……………………………24
- 第一节　国内外研究现状回顾 ……………………………………24
- 第二节　本研究相关的基础理论 …………………………………39

第三章　在线旅游者消费行为特征与价值诉求 …………………45
- 第一节　在线旅游者消费行为总体特征的调查分析 ……………45
- 第二节　在线旅游服务使用意愿及其影响因素的探索性研究 …57
- 第三节　在线旅游服务使用意愿及其影响因素的实证研究 ……66
- 第四节　网络环境下旅游者的新消费主张与价值诉求 …………78

第四章　以OTA为核心的在线旅游供应链模型构建 ……………82
- 第一节　新型旅游供应链构建的现实背景 ………………………82
- 第二节　网络环境下旅游供应链核心问题辨析 …………………90
- 第三节　以OTA为核心的在线旅游供应链重构思路 ……………93
- 第四节　以OTA为核心的在线旅游供应链理论模型 ……………96
- 第五节　以OTA为核心的在线旅游供应链运作保障 ………… 103

第五章 OTA主导的在线旅游供应链整合机理与路径……107

第一节 在线旅游供应链面临的困境与选择……107

第二节 OTA主导的在线旅游供应链整合机理……111

第三节 OTA主导的在线旅游供应链整合路径……121

第六章 OTA主导的在线旅游供应链关系协调机制……133

第一节 在线旅游供应链委托代理关系的基础与冲突……133

第二节 基于信任管理的在线旅游供应链关系协调机制……139

第三节 基于利益均衡的在线旅游供应链关系协调机制……145

第四节 基于社会资本积累的在线旅游供应链关系协调机制……151

第七章 我国传统OTA转型中的在线旅游供应链优化策略……155

第一节 我国传统OTA转型的行业背景与问题透视……155

第二节 国外以OTA为核心的在线旅游供应链运营经验……162

第三节 以OTA为核心的在线旅游供应链优化策略……168

第八章 研究结论与展望……180

第一节 研究结论与创新……180

第二节 研究局限与展望……184

参考文献……189

附录……208

附录A 在线旅游使用行为的半结构化访谈提纲……208

附录B 消费者对在线旅游服务的使用意愿及影响因素……209

第一章 信息化浪潮中的在线旅游

第一节 移动互联时代旅游服务与科技创新

一、市场与科技双驱动下的在线旅游发展

（一）在线旅游市场规模高速增长

旅游大众化和散客时代的到来，加快了信息与通信技术（Information and Communication Technologies）在旅游领域中的广泛应用。越来越多的旅游者通过网络预订机票、酒店、度假产品等，相关统计数据显示：2014年，我国以跟团方式出游的游客数量已由1989年的70%下降至30%左右，国内旅游中的团队比例更是低于5%，并且近年来这一数值还在持续下降。以自由行方式出游的游客占比迅速飙升，旅游需求呈现出散客化、个性化、定制化、移动化等趋势。旅游电子商务交易量持续爆发式增长，艾瑞咨询（iResearch）、易观分析（Analysys）、网经社等专业研究机构发布的报告显示：2019年，我国在线旅游市场交易总规模突破10000亿元，在线旅游用户规模达到3.9亿人，航空公司、火车票、在线旅行社，以及酒店、度假村、共享民宿等在线旅游平台访问频率最高[1]；在线旅游渗透率约为17%，但与发达国家60%相比，差距还很大，未来还将保持强劲的增长态势。

---

[1] 数据来源于易观分析（Analysys）发布的《中国在线旅游市场年度综合分析2020》。

（二）在线旅游推动业务流程变革

随着信息与通信技术在旅游业中的广泛应用，它对传统旅游业务流程产生了根本性变革，带来了旅游业的新流程、新业态、新服务、新产品，创造了全新的服务模式和体验价值，让旅游的内涵与外延变得更为丰富。近二十年来，旅游业的互联网化大致可分为三个发展阶段：一是携程和艺龙的"鼠标＋水泥"阶段（旅游预订网站＋呼叫中心），二是去哪儿和马蜂窝多元化阶段（垂直搜索、用户生成内容），三是移动互联网重塑阶段（旅游APP、小程序）。当前，垂直细分领域的OTA如雨后春笋般涌现，移动互联网技术让在线旅游服务渗透旅游的前、中、后三个环节，涌现出许多创新性的旅游产品与工具，如旅途分享平台、食宿点评网站、电子导游、翻译工具及地图工具等。

（三）在线旅游商业模式层出不穷

携程和艺龙以机票、酒店、度假产品等业务盘踞行业龙头地位多年，随着信息技术向传统旅游业务各个领域的渗透，在线旅游企业的创新发展和传统线下旅游企业的互联网转型发展加速了旅游信息化的进程，比如出现了以去哪儿为代表的垂直搜索模式、以马蜂窝和小红书为代表的旅游媒体社区模式、以抖音和快手为代表的视频直播模式、以滴滴打车和OYO酒店为代表的旅游O2O模式、以飞猪为代表的在线旅游生态模式等。新技术创造了新的旅游商业模式，在线旅游服务商重构了传统以旅行社为核心的旅游供应链体系，阿里、腾讯、百度、网易、京东、拼多多等互联网巨头纷纷跨界进入在线旅游分销市场。

二、网络环境下旅游供应链构建方向

学术界目前对旅游供应链的概念界定尚未完全统一。实体商品和服务商品二者在属性上有显著差异，国内外学者正积极探索将制造业产品供应链的相关理论应用到服务业之中。旅游业是我国现代服务业的重要组成部分，供应链管理的思想正逐步渗透旅游业的行业实践和理论研究之中。因此，以下问题值得我们深入思考：

第一，旅游供应链的结构问题。旅游供应链的结构认知是基础，它决定了进行管理、协调、优化的内容和方向。旅游供应链是否存在类似产品供应链的虚拟"链式关系"？从旅游产品的分销渠道来看，旅游供应链上的消费者可以与供应商、中间商产生多渠道联系，生产与消费同时发生的特点决定了旅游者必须参与服务产品的生产过程，这使得生产与消费的关系变得更为复杂，而在产品供应链中，消费者只会面向处于销售终端的代理商。网络环境下如何构建以游客为中心的旅游供应链网络体系，这是值得深入思考的。从传统供应链的核心企业选择来看，旅游供应链核心企业是不固定的，供应链上的每个企业（旅行社、景区、旅游交通公司等）都可能发展成为核心企业，核心企业的动态性导致了旅游供应链结构模式的多样化。随着在线旅游市场规模不断扩大，在线旅游服务商作为中间商，实力不断壮大，其在旅游供应链中的核心地位日益凸显。在线旅游已成为一种成熟的商业模式，这给面向个性化需求的旅游供应链构建指明了发展的方向。

第二，旅游供应链的管理问题。其一，怎样才能实现旅游供应链的最优配置，旅游供应链优化的驱动因素及最终目标是什么？旅游供应链涉及的利益主体较多，因此很难在服务领域以追求核心企业利润最大化为目标导向的方式来构建旅游供应链，以顾客满意、游客体验价值最大化为目标导向的构建方式更适合旅游业。其二，如何保障旅游供应链的高效运作？当前旅游行业中的无序竞争导致欺诈、违规等恶性经营事件频发，造成了极为恶劣的社会影响，旅游行业治理成为焦点。政府必须改变以往针对单个企业或事件的整治方式，从旅游供应链管理角度入手，解决市场中的信息不对称、委托代理关系不规范等问题。

第三，旅游供应链的协调问题。信息技术在旅游业中的广泛应用，导致整个旅游行业信息环境发生改变。首先，信息技术使旅游者的参与方式、决策方式、行为模式发生了变化，消费者在供应链上的渠道权力增强；其次，通过运用信息技术，旅游企业对旅游市场的分析更加精准，信息技术推动了传统旅游企业经营管理模式的转变，在线旅游的快速崛起改变了供应链主体的权力结构，旅游企业间的竞争更加激烈；最后，党的十八届三中全会提出了"使市场在资源配置中起决定性作用"的改革方向，让政府部门在旅游行业进行宏观调控、市场监管时面临更多挑战，大数据时代为旅游行业治理提供了创新空间。

三、旅游供应链学术研究的现实意义

（一）网络环境下旅游供应链创新

1. 深化旅游供应链理论的研究内容

旅游供应链是消费性服务供应链的一个分支，它具有多节点、稳定性差、上下游不存在很强约束关系、以旅游者为中心的多元结构等旅游行业特征。信息技术支持下的旅游者消费感知与决策行为发生了较大变化，由传统的被动式询问向主动式搜索旅游资讯转变、由菜单式单向选择旅游产品向自主个性化组合旅游产品转变。信息技术对旅游者的信息搜索、目的地感知、消费决策、网络社区参与等消费行为的影响已引起学者高度关注，本书着眼于网络环境下游客深度参与服务生产的旅游供应链结构变革、资源整合与关系协调等内容，旨在为旅游供应链提供新的研究框架。

2. 探索旅游目的地可持续发展的新思路

互联网及移动通信技术的发展使得旅游者的消费转向电子化、网络化的消费方式，网络环境下的旅游目的地产业发展已离不开在线旅游服务商，在线旅游服务商以其专业的信息服务搭建了旅游者和目的地旅游企业之间的桥梁。以旅游网站、在线旅游媒体、移动APP等新营销渠道为代表的旅游目的地营销体系逐步建立，在线旅游成为激活线下旅游资源与服务的有效工具和途径。构建在线旅游服务商和旅游目的地产业要素之间共生共赢的供应链合作关系，可以推动旅游目的地产业要素的全面发展，优化区域旅游发展产业结构，最终实现网络环境下的旅游目的地可持续发展。

（二）互联网思维加速传统旅游产业改造

1. 推进新时期旅游企业的转型升级

旅游信息化和标准化已被确立为当前旅游业转型升级的重要抓手，传统以旅行社为核心的旅游供应链模式已不能适应游客小批量、定制化需求，依托互联网和移动互联网的新型旅游产品与服务供应链体系顺应了消费需求的新潮流。随着传统旅游企业劳动密集、效率低下、经济效益差等问题日益凸显，只有通过信息化改造和网络化运营，旅游业才能创造更多的服务价值，进而扭转当前的被动局面。本书所研究的在线旅游供应链整合与优化正是将线下传统企业纳入旅游信息网络，试图探寻线下企业的信息化发展途径和在线旅游企业的模式创新，激发它们在网络空间的发展潜力，从而推动我国旅游企业的整体转型升级。

2. 推动我国在线旅游产业的快速发展

新技术和新商业模式的出现对传统OTA发起了挑战，同时线下旅游企业向线上转型发展也加剧了在线旅游行业竞争。尤其是以垂直搜索、在线旅游社区和旅游O2O模式为代表的创新发展，对携程、艺龙等传统OTA产生了巨大的冲击，它们只有转型升级才能获得新的发展。本书从在线旅游供应链整合与优化的视角出发，试图从以OTA为核心企业的角度探讨旅游供应链的资源整合路径和关系协调机制，以促进在线旅游供应链的功能完善和服务增值，从而为我国传统OTA转型升级指明方向；通过构建更为完善的在线旅游产业链体系，推动我国在线旅游产业的快速、健康发展。

3. 促进旅游行业规范经营和质量提升

当前，我国旅游市场中的欺诈、宰客等现象较为严重，恶性竞争甚至导致"零团费""负团费"产品出现，消费者对此怨声载道。旅游产品销售存在着错综复杂的委托代理关系以及旅游市场中的信息不对称，是上述问题出现的主要原因。同时，在线旅游"大数据杀熟"、价格歧视、捆绑销售、平台垄断等不正当竞争行为，严重损害了消费者权益，引起了管理部门的高度关注。对此，我国政府部门先后出台了《中华人民共和国电子商务法》和《在线旅游经营服务管理暂行规定》等法律法规，以及《旅游电子商务企业基本信息规范》（LB/T 056—2016）和《在线住宿平台服务规范》（T/CCPITCSC 030—2019）等标准。本书试图从旅游供应链管理视角，通过引入信息与通信技术来优化旅游供应链结构和环境，改善市场中的信息不对称现象，建立以游客需求为中心的服务供给体系；通过研究以在线旅游服务商为核心的旅游供应链资源整合与关系协调，寻求信息与通信技术支持下旅游供应链上关键企业的协同创新与利益均衡，从而规范企业间的合作关系，建立良性的市场化竞争机制。本书旨在探寻旅游服务质量和游客满意度提升的有效途径。

第二节 在线旅游与旅游供应链

一、在线旅游

（一）旅游电子商务

1. 旅游电子商务的出现

旅游电子商务和在线旅游是两个既有联系又有区别的概念。电子商务是计算机网络通信技术向商业领域渗透的产物，它是指以信息网络技术为手段，以商品交换为中心的商务活动。电子商务和旅游活动在先天上具有较强的耦合性，它们突破了时间和空间对旅游消费者活动的束缚，改变了传统旅游行业的经营管理模式，已经成为信息时代旅游交易的新模式。

信息技术在旅游业的广泛应用加快了旅游信息化的进程，主要表现为旅游电子商务的兴起和旅游业务流程的再造。世界旅游组织认为旅游电子商务就是通过先进的信息技术手段增强旅游机构内部和对外的连通性，即加强旅游企业之间、旅游企业与供应商之间、旅游企业与旅游者之间的联系，优化企业内部流程，实现知识共享。杨路明、巫宁等（2007）认为旅游电子商务是利用先进的计算机网络通信技术和电子商务的基础环境，整合旅游企业的内部和外部的资源，扩大旅游信息的传播和推广，实现旅游产品的在线发布和销售，为旅游者与旅游企业提供一个知识共享、增进交流的网络化运营模式[①]。

2. 旅游电子商务的构成

笔者认为旅游电子商务（Tourism Electronic Commerce，TEC）是现代电子商务的一种具体形式，即以网络为平台运作旅游业的商务体系，包括了旅游企业内外经营活动的电子化管理以及面向旅游者、面向企业的所有

---

① 杨路明，巫宁，等.现代旅游电子商务教程[M].2版.北京:电子工业出版社, 2007.

商务活动，如旅游企业（包括旅游生产企业、旅游中介商等）网站和旅游目的地营销机构网站、专业旅游网站、全球分销系统（Global Distribution System，GDS）、计算机预订系统和旅游电子商务平台等。

旅游网站是旅游电子商务的基本构成要素。1997年，华夏旅游网的成立，开创了我国旅游网站的先河。1999年，携程、艺龙等在线旅游企业相继成立，标志着中国在线旅游业的开端。2003—2008年，中国几大主要在线旅游网站如同程、穷游网、去哪儿、途牛、马蜂窝等相继成立。2015年，携程先后收购了艺龙、去哪儿部分股份，在线旅游市场逐渐由混战格局走向寡头格局。据统计，目前我国具有旅游资讯营销功能的网站有数千家，其中专业型旅游网站有几百家，形成了功能差异化定位的旅游网站群（见表1-1）。

表1-1 我国旅游电子商务网站的分类与示例

分类	细分	代表性旅游网站
旅游信息资讯网站	综合门户网站的旅游频道	新浪网、搜狐网、新华网、腾讯网、人民网、和讯网等
	专门提供资讯的旅游网站	环球旅讯、品橙旅游、新旅界、中国旅游网、第一旅游网、信天游、游多多旅游网、乐途旅游网等
旅游产品与服务直接提供类网站	旅游酒店网站	7天酒店、速8酒店、首旅如家、华住集团、锦江酒店、布丁酒店、亚朵酒店等
	航空公司网站	国航、南航、东航、海航、春秋航空等
	旅游景区网站	九寨沟景区、张家界·武陵源、故宫博物院、秦始皇帝陵博物院、黄鹤楼景区等
	旅行社网站	中旅旅行、春秋旅游网、康辉旅游网等
旅游中介服务商类网站	B2B在线交易类	匹匹扣旅游圈、八爪鱼在线旅游、欣欣文旅产业平台、蜘蛛旅游网、中国同业旅游网等
	B2C在线交易类	携程、同程、去哪儿、飞猪、艺龙、途牛、欣欣旅游网、芒果网、9588旅行网、悠哉旅游网、中青旅遨游网、游易旅行网、村游网、途家网、蚂蚁短租网、6人游旅行网等
	C2C在线交易类	指南猫等
	旅游团购类	携程直播团购频道、去哪儿团购频道等
	旅游点评类、攻略类旅游网站	马蜂窝、穷游网、爱游网等

续表

分类	细分	代表性旅游网站
旅游中介服务商类网站	中介服务商（工具平台）	路书科技、腾邦国际等
旅游垂直搜索引擎类网站	—	去哪儿网
旅游目的地营销类网站	—	全国各省、市、区、县的旅游目的地营销网站等

（二）在线旅游

Sebastia 等认为在线旅游是指游客通过网络（互联网和移动互联网）向旅游服务供应商发起旅游产品与服务的查询、预订、支付、评价等消费活动，即旅游供应链上的主体通过网络信息平台向消费者开展旅游咨询推广、产品营销和在线交易等活动，这些主体包括了供应链的上游供应商（酒店、航空公司、景区、旅行社、租车公司等），以及搜索引擎、第三方在线旅游服务平台、旅游目的地政府与组织机构、旅游咨询网站及旅游虚拟社区（Online Travel Community）等。

从消费需求来看，在线旅游是用户通过旅游网站、呼叫中心或智能手机 APP 进行信息查询、产品预订和服务评价，并通过在线支付结算的一种旅游新理念。从服务供给来看，在线旅游服务商主要通过信息网络的传播模式和平台预订机制为旅游者提供相关服务，在移动互联网、大数据等技术的支持下提供更多以"交互"为核心的体验。从技术应用来看，5G 技术、物联网（Internet of Things，IoT）技术、人工智能（Artificial Intelligence，AI）、虚拟现实（Virtual Reality，VR）、增强现实（Augmented Reality，AR）、大数据和智慧旅游平台等正在与旅游全过程、全要素相融合，全方位提升游客体验，重新构建在线旅游生态体系，促进科技对文旅产业的深度赋能。因此，笔者认为在线旅游是从网络技术应用视角提出的一种旅游中间商面向旅游者的商业服务模式，其核心是在线旅游信息平台，显著特征是旅游服务供给、要素集聚和信息交互的网络在线状态，有别于传统旅游企业以门店销售为主的分销方式。

相比之下，旅游电子商务是指旅游企业应用电脑和现代信息技术，通过互联网调整企业同消费者、企业同企业以及企业内部之间的关系，扩大销售并实现内部电子化管理的全部商业经营过程。此概念是从全球电子商务大环境下旅游业电子化商务交易、数字化信息传播发展趋势中提出的，它是一种交易方式和交易制度。旅游电子商务侧重于电子交易业务，在线旅游侧重于面向用户需求的信息整合和服务产品设计。因此，通过对概念内涵进行比较，我们可以发现，旅游电子商务和在线旅游虽有重叠之处，但它们又是两个完全不同的概念。

二、在线旅游服务商

在线旅游服务商（Online Travel Service Provider，OTSP）是指提供在线旅游服务的企业或机构等，可以分为提供在线销售服务的旅游供应商、旅游代理商、旅游社区服务商和垂直搜索服务商等几种类型。

（一）国际在线旅游服务商

从全球在线旅游服务商的资产规模排名来看，国际在线旅游服务商主要集中在美国，它们通过互联网向全球用户提供在线旅游服务。在线旅游公司盈利模式以直销、代理、批发、垂直搜索和广告媒体等模式为主，其中第三方在线旅游服务商以代理和批发模式并行，如表1-2所示。①

表1-2 国际在线旅游服务商

序号	名称	产品与服务	商业特色	所在地
1	Priceline	向全球用户提供酒店、机票、租车、旅游打包产品等在线预订服务	客户反向定价，在线旅游C2B模式开创者	美国

---

① 注释：在线旅游Agency模式下，供应商是按照酒店、机票或者其他旅游产品的销售价格，根据一定的佣金比例（酒店一般为15%，机票通常为3%）向OTA付"中介费"；旅游产品价格由供应商直接定价，佣金率相对固定，企业获得的佣金收入占交易额的比例也是相对固定的。在线旅游Merchant模式下，OTA获得的收入严格说来不是佣金，而是它从酒店按一定成本买下客房卖给顾客后获得的差价；由于购买产品的成本相对固定并且较低，而旅游产品售价可以由OTA决定，所以获得的差价收入是变化的。

续表

序号	名称	产品与服务	商业特色	所在地
2	携程	机票、酒店、旅游度假、商旅	"在线旅游＋传统旅游",一站式在线旅游服务商	中国
3	Expedia	酒店、机票、租车、豪华游轮、活动、目的地旅游服务、商旅服务及旅游媒体服务	以"代理＋批发商"模式为主,业务庞杂,品牌多元化	美国
4	Tripadvisor	为旅行者提供酒店评论、酒店受欢迎程度索引、高级酒店选择工具、酒店房价比价搜索,以及社会化的旅途图片分享和在线驴友交流等服务	全球最受欢迎的旅游社区和旅游评论网站,以打造社区为中心	美国
5	去哪儿	提供国内外机票、酒店、度假和签证服务的深度搜索	从旅游垂直搜索平台到TTS（Total Solution）系统	中国
6	Vrbo	全球最大的假日房屋租赁在线服务提供商	自建网络平台发布房源信息,并提供增值服务	美国
7	KAYAK	机票、酒店、度假、租车	旅游产品精专搜索技术服务商	美国
8	Orbitz	酒店、租车、游轮、度假套餐等旅游产品的搜索、预订及行程规划等	OTA大数据试水者	美国
9	MakeMyTrip	机票、酒店、包裹、火车票、汽车票、汽车租赁和旅游配套服务	印度最大的在线旅游公司	印度
10	Travelzoo	每周从全球数以千计的旅行社、旅游产品提供商、酒店及航空公司推出的最新优惠中精心挑选值得推荐的旅游产品,并向订户发送Top20精选限时旅游情报	提供在线旅游信息服务,Top20精选特惠	美国

(二) 国内在线旅游服务商

在我国移动互联网爆发和中国旅游业飞速发展的契机下，在线旅游市场有着越来越大的想象空间，在线旅游服务商未来发展潜力巨大。目前，我国涉足在线旅游业务的企业非常多，包括在线直销平台（酒店官网、航空公司官网、旅行社直销平台、旅游景区官网等）、在线分销平台（携程、艺龙、途牛等）、旅游搜索平台（去哪儿等）、旅游线上媒体平台（马蜂窝、穷游网等）和在线旅游商城平台（飞猪、同程等），它们都在利用自身的优势为在线旅游者提供服务，如表1-3所示。

表1-3 我国在线旅游的四种典型运营模式对比

类 型	运营模式	盈利方式	代表性企业
委托代理模式	此模式通过互联网、移动互联网等技术为旅游者提供酒店、机票、度假、租车等有偿服务，通过代理传统企业的产品，获取代理佣金。企业在产业链中扮演着代理商的角色，同时拥有强大的市场开发能力，是产业资源整合者	代理佣金	携程 艺龙 途牛
垂直搜索模式	此模式凭借其特定的搜索技术，按用户需求检索互联网上的旅游预订信息，并按一定方式呈现给用户。为线下旅游企业提供在线技术、移动技术解决方案，为用户提供客观详细的旅游产品价格查询、比价和评价等服务	广告、点击付费	去哪儿
旅游社区运营模式	此模式通过提供大量的免费旅游攻略、旅游指南、游客点评等汇聚人气，将用户生成内容转化为营销卖点，搭建品牌化的网络旅游社区，引导潜在旅游消费者学习出游知识、做出购买决策和进行预订等	广告	马蜂窝 穷游网
直销模式	此模式通过酒店、航空公司、旅行社、旅游景区等自建或租赁的信息平台，实现旅游供应商与旅游消费者的实时互动（询价、议价、预订及评论等消费行为），削减中间代理环节	—	酒店官网 航空公司官网 旅行社官网 旅游景区官网

从上述四种在线旅游运营模式的对比来看，虽然每种模式的在线旅游服务商都有其独特盈利的方式，但它们在旅游供应链中的功能和作用各不相同，参与在线旅游服务生产与运作的程度也不同，具体如下：

（1）垂直搜索模式是对在线旅游产品信息搜索的一种技术改进，它能向合作供应商提供在线销售的所有产品信息并按一定的规则展示出来。这种模式通过比价平台实现了对旅游者的吸引和消费决策指引，但它并没有参与到在线旅游产品与服务的生产组织之中，其最突出的功能是营销功能，在旅游供应链中扮演着渠道"分配者"的角色。同时，其点击付费盈利模式的可持续性还有待观察。

（2）旅游社区运营模式是借助旅游者的信息分享提供在线旅游产品与服务的一种营销服务，论坛、游记、攻略是在线平台的核心资源，其特点是与潜在用户的距离最近。企业通过整理和挖掘旅游者的历史消费信息，对潜在旅游者购买决策产生影响，在旅游供应链中同样是扮演着渠道"分配者"角色。此外，作为一种独立运行的商业模式，它还没有形成完全意义上的产业链条和消费闭环。

（3）直销模式是旅游供应商的一种在线销售和服务方式，在一定程度上能够降低企业的广告和销售费用，但它并没有创造新的商业模式。

（4）委托代理模式主要是为上游服务供应商和消费者提供中介服务，与上游服务供应商签订委托代理关系，从代理中获取佣金收入。但是，随着OTA专业性不断增强，它们不仅仅是旅游产品与服务的销售渠道，还更多地扮演着在线旅游产品与服务的"组织者"角色，通过开发打包产品实现旅游服务的集成，通过建立售后保障体系保障旅游者的消费权益。因此，OTA对网络环境下的旅游供应链运作发挥着至关重要的作用。

从本质上看，垂直搜索和旅游社区运营是在线旅游的两种重要功能，也是在线旅游供应链的重要组成部分，传统OTA正在加紧对这些功能的补缺以构建更完整的旅游供应链体系。此外，从在线旅游者购买旅游产品与服务路径选择来看（如图1-1所示），垂直搜索和旅游社区运营这两种模式的盈利在一定程度上也依赖于OTA。委托代理模式当前仍是主流，旅游产品的代理销售佣金及其相关的增值服务是在线旅游企业最主要的利润来源。垂直搜索和旅游社区运营这两种模式终将回归到旅游服务预订模式，它们共同构成更加完善的在线旅游供应链。因此，本书中的在线旅游服务商主要是指OTA类型的企业。

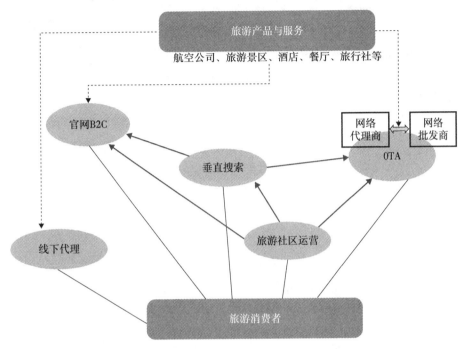

图1-1 在线旅游者购买旅游产品与服务的途径选择

三、旅游供应链

（一）供应链

国内专家马士华（2014）认为：供应链是围绕核心企业，通过对信息流（Information Flow）、物流（Material Flow）、资金流（Money Flow）的控制，从采购原材料开始，制成中间产品以及最终产品，最后通过销售网络把产品送到消费者手中，将供应商、制造商、分销商、零售商、最终用户连成一个整体的功能网链[①]。供应链不仅是一条连接供应商与用户的物流链、信息链、资金链，还是一条价值传递链与增值链（Value-added Chain），如图1-2所示。

---

① 马士华.供应链管理[M].2版.武汉：华中科技大学出版社，2014.

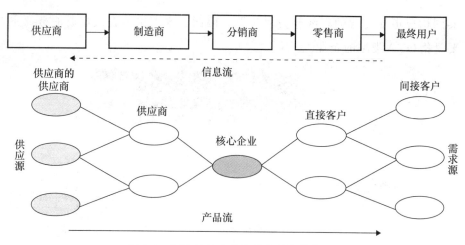

图1-2 基于核心企业的供应链结构模型

（二）服务供应链

Anderson和Morrice最早把供应链理论引入到服务领域[①]。Ellram、Tate和Billington发表的《理解和管理服务供应链》（*Understanding and Managing The Services Supply Chain*）一文标志着服务供应链概念的正式提出[②]。McCabe、Anderson、Morrice、Kremper、Cook等专家分别从不同的视角对服务供应链的内涵进行了定义，可将其归纳为三种代表性的观点：①从产品服务化视角来看，服务供应链是传统供应链中与服务相关联的环节和活动；②服务供应链是在服务行业中，应用供应链思想管理与服务有关的有形产品；③服务供应链是在服务行业中应用供应链思想管理服务的过程，但他们一致认为由于服务具有不可分离性、无形性、异质性、易逝性、顾客影响性和劳动密集等特征[③]，服务供应链与制造业供应链存在显著差异。

其一，从结构上看，服务供应链的基本结构可以抽象为"服务提供

[①] Anderson Jr E G, Morrice D J, Lundeen G. Stochastic optimal control for staffing and backlog policies in a two-stage customized service supply chain[J]. Production and Operations Management, 2006, 15(2): 262-278.

[②] Ellram L M, Tate W L, Billington C. Understanding and managing the services supply chain[J]. Journal of Supply Chain Management, 2006, 40(3): 17-32.

[③] 单汨源, 吴宇婷, 任斌. 一种服务供应链拓展模型构建研究[J]. 科技进步与对策, 2011, 28(21): 10-16.

商—服务集成商—顾客（群）"，供应链的层级少但企业类型复杂，服务企业通常都是提供满足顾客需求的全面解决方案（见图1-3）。

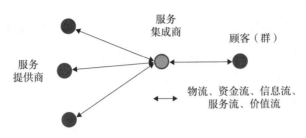

图1-3 服务供应链的典型结构

其二，服务具有较强的顾客参与特性，顾客既是最终服务的接受者，也是服务产生与传递的供应商，如顾客的想法、资源和信息等。顾客参与对完成最终的生产服务和价值创造具有决定性的作用，参与提供服务的企业需要与最终消费者建立有效的沟通，从而实现企业对顾客需求满足的快速响应。

其三，由于服务不存在库存问题，服务供应链中的物流不是重点。相对于制造业供应链控制对象为信息流和物流，服务供应链更加关注信息流和服务流等，对时间要求非常高。

其四，服务供应链稳定性较差。供应链上企业间的关系协调是建立在利益和信任之上的，服务需求的不确定性和多样性以及服务传递中介很容易被替代等因素，导致服务供应链企业之间的利益关系简单、信任度低，因此，服务供应链稳定性较差。而制造业供应链企业间只有通过长期的合作博弈才能建立信任关系，企业更加注重长期、稳定的合作关系，因此，制造业供应链稳定性较好。

服务供应链在具体行业中的应用研究主要集中于物流服务、公共服务（医疗服务、物业服务）、旅游服务和港口服务等。从实际情况来看，按照需求源，服务供应链可划分为生产性服务供应链、消费性服务供应链、公共性服务供应链；按照行业特征，服务供应链可划分为物流服务供应链、旅游服务供应链、社区服务供应链等。旅游供应链是消费性服务供应链的一种重要形式。

（三）旅游供应链的提出、发展与界定

1.旅游供应链的提出

1975年，世界旅游组织提出的"旅游分销渠道"被认为是旅游供应链的雏形。在有些研究中，旅游供应链与旅游价值链、旅游产业链、旅游服务供应链被认为是同一概念。20世纪90年代中期，"旅游供应链"的概念被正式提出，研究对象主要集中于旅行社业、酒店业、旅游航空业的横向一体化，以及旅游吸引物的合作营销等问题，研究内容集中于旅游供应链产生的动因、影响因素、结构模型、协调与优化等方面。

2.旅游供应链的发展

关于旅游供应链（Tourism Supply Chain，TSC）的概念，Page、Tapper和Font，以及Zhang、Song和Huang等学者的界定较具代表性，对构建旅游供应链结构模型起到了更好的指导作用，如表1-4所示。

表1-4 部分学者对旅游供应链认知的演变过程

作者	发表时间	主要观点
Davies和Cahill	1999年	认为服务供应链包括提供服务和产品的所有供应商以及顾客，旅游服务供应链包括游客以及提供交通、住宿等服务和产品的行业
Kaukal	2000年	将旅游服务供应链等价于旅游价值链，其组成要素包括旅游供应商、旅行社、旅游代理商和客户
Page	2003年	提出了多级旅游供应商的网络结构，将旅游行业视为不同利益、活动、利益相关者和业务的功能性组合所形成的独立供应链
Tapper和Font	2004年	提出了广义旅游服务供应链，将旅游供应链定义为由向旅游者提供旅游产品和服务的所有供应商组成的链条，涉及住宿、交通、吸引物、酒吧、餐馆、纪念品和手工艺品、食品生产、垃圾处理系统等，以及对旅游业的发展起支持作用的目的地基础设施等
Zhang、Song和Huang	2009年	认为旅游供应链是由包括私营和公共部门在内的，参与不同旅游活动的组织所构成的网络结构
Adriana	2009年	从旅游目的地可持续发展的角度，提出了绿色旅游供应链和环境旅游供应链的概念

在旅游供应链的结构方面，Zhang、Song 和 Huang（2009）提出的旅游供应链结构模型比较具有代表性（见图1-4）。

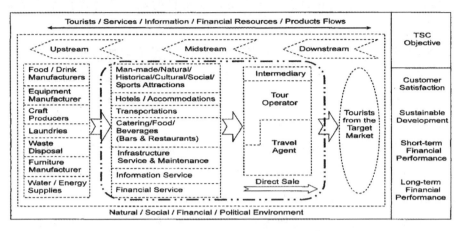

图1-4 旅游供应链典型网络结构①

旅游者需求涉及社会的多个部门，这些社会部门之间又存在着广泛的联系。从狭义的角度来看，旅游供应链可以简单理解为只包括旅游服务或产品的直接供应商，是一种由生产商、代理商、零售商和最终用户组成的网链结构。从广义的角度来看，旅游供应链包括所有为旅游者提供商品和服务的部门，涉及餐饮、住宿、旅游交通、吸引物、纪念品、公用基础设施等，以及为中间产品提供服务的供应商。旅游供应链将旅游产品和服务的所有供应者集合在一起，所以它是一个关系主体非常庞大的网络。

国内学者张英姿（2005）、张晓明（2008）、杨树（2008）、刘伟华（2009）、徐虹（2009）、甘卫华（2010）等也各自对旅游供应链进行了定义。其定义达成以下共识：一是，旅游产品特性决定旅游供应链比传统制造业的供应链结构更为复杂；二是，旅游供应链的主体广泛涉及公共部门和私营企业等主体；三是，旅游供应链是一个网络结构而非链条结构。

徐虹、周晓丽（2009）辨析了旅游产品供应链、旅游服务供应链、旅游产业链的不同侧重点，然后从旅游目的地角度提出了旅游目的地供应链概念。旅游目的地供应链是由多重利益主体构成的，主要包括旅游服务业企业、旅游制造业企业、政府主管部门、旅游社区及其居民。游客作为合

---

① Zhang X Y, Song H Y, Huang G Q. Tourism supply chain management: a new research agenda [J]. Tourism Management, 2009, 30 (3): 345-358.

作生产者和服务的中心，理应成为旅游供应链网络的核心。从供应链主体提供旅游服务的方式来看，供应链关系可以分为提供有偿商业服务的旅游企业供应链关系和提供社会公共服务的旅游目的地政府公共服务供应链关系①。

陈瑞卿（2009）认为旅游供应链的本质就是使企业增值。从交易费用视角来看，它是人们为了应对由于有限理性和机会主义而产生的合约不完全性所采用的一种能够自我演化的关系性合同；从价值创造视角来看，它是人们为了充分利用企业的互补性活动而选择的企业间生产协调方式，其实质就是借助企业的互补性活动创造价值，并为价值的分割提供基础②。所以，旅游供应链的运作取决于供应链上节点企业间恰当的委托代理形式，这种代理关系就是旅游供应链本质的实现形式。

杨晶（2009）结合制造业供应链和绿色供应链定义，认为旅游供应链是以资源最优配置、增进福利、实现与环境相融为目标的，以旅行社为中介转换企业，涉及旅游产品的开发、生产、组合、销售等环节，由各个旅游企业及旅游者构成的网链结构，是产品流、信息流、资金流和知识流的集合③。笔者认为，此定义对传统意义上的团队旅游供应链界定较为全面和准确。

3. 本书对旅游供应链的界定

从以上学者的界定来看，旅游供应链的内涵界定主要集中于旅游供应链的构成要素、组织结构和功能导向，研究群体可分为要素流派、结构流派、功能流派。从研究的视角来看，产品视角的定义侧重于分析由核心企业（旅行社）集成的满足包价旅游需求的线路产品协调问题，产业视角的定义侧重于探讨旅游目的地各产业要素的相互协调与合作发展问题，服务传递视角的定义侧重于服务的综合性和衔接的流畅性。本书将从服务传递和价值创造的视角对旅游供应链展开研究。

从供应链管理思想来看，把握旅游供应链的内涵需要尤为关注以下几个方面：

---

① 徐虹，周晓丽.旅游目的地供应链概念模型的构建[J].旅游科学，2009，23(5)：15-20.
② 陈瑞卿.旅游供应链本质的研究[D].开封：河南大学，2009.
③ 杨晶.基于多元结构的旅游供应链协调机制研究[D].厦门：厦门大学，2009.

一是资源整合，游客需求具有不确定性和多样性特征，游客需求是旅游供应链的起点，因此更需要关注供应链的需求预测和资源整合。

二是关系协调，旅游产品的综合性决定了旅游供应链的多方供给以及游客参与服务的集成与传递，因此更需要关注供应链主体间的关系协调。

三是系统优化，旅游产品生产与消费同步进行使得旅游供应链无物流环节，旅游产品的无形性使得旅游供应链的绩效评价与风险控制更复杂，信息流、服务流、资金流、价值流、游客流成为关键的运作绩效控制体系。

旅游供应链中产品与服务的生产及消费需求特征如图1-5所示。

旅游供应链	特征	描述	
旅游产品与服务生产（供给视角）	不可分离性	旅游产品与服务的生产与消费同步进行	
	无形性	购买前游客对产品认知度很低	
	易逝性	时间的不可逆转性决定了其不可储存	● 需求管理
	异质性	旅游服务难以达到绝对的标准化	● 上下游关系
	顾客双元性	顾客既是服务的接受者，也在服务过程中有所投入	● 产品设计
	劳动密集	旅游供给中许多工作需要手工操作	● 供应链协同
旅游产品和服务消费（需求视角）	地域分散性	旅游资源地域分散性决定了其分散性	● 信息技术
	需求综合性	旅游的全过程服务是一个整体	
	消费异地性	旅游活动是离开常住地的一种消费行为	
	时间波动性	需求受季节和气候等自然条件影响	
	定制个性化	游客提出的需求各不相同	
	评价主观化	游客主观评价服务质量和体验价值	

图1-5　旅游供应链中产品与服务的生产及消费需求特征[①]

本书认为：从旅游供应链的构成要素来看，在现代信息网络环境下，旅游供应链完全可以扩展到提供商业服务和公共服务的所有组成要素，构建旅游产品和服务传递给旅游者的所有供应者的集合；从旅游供应链的运作来看，它有别于以往追求包价旅游产品与服务的链接方式和供给效率，更应该注重旅游产品与服务的集成创新与高效传递，凸显信息技术在旅游供应链协调方面的功能，追求旅游供应链的质量提升和价值创造；从旅游供应链的功能导向来看，旅游供应链的终极目标不仅仅局限于追求企业利润和游客价值，而应该是实现旅游地可持续发展这一更高层面、更综合的目标，乃至旅游供应链的全球化运营。

---

① 郭海玲,严建援,张丽,等.旅游服务供应链形成动因及其模式演进[J].物流技术,2011,30(12):169-173.

第三节 研究内容、研究方法与技术路线

一、研究内容

(一) 研究思路

随着在线旅游市场规模的快速扩大,在线旅游已成为旅游业的重要组成部分。本书在对服务供应链和旅游供应链已有研究成果进行梳理的基础之上,试图将旅游供应链研究扩展到在线旅游领域,目的是探讨我国传统OTA转型时期在线旅游供应链优化的解决方案,推动我国在线旅游产业的快速健康发展,探索信息时代旅游企业转型升级和旅游目的地可持续的新思路。具体研究思路如下:

散客时代的到来和信息与通信技术的创新发展,对传统以旅游网站、呼叫中心为载体的旅游供应链体系产生了变革。本书首先分析了在线旅游行业的发展现状与背景,重构了以在线旅游服务商(第三方)为核心企业的旅游供应链理论模型,并对其运行机制和保障体系进行详细阐述。在此基础之上,本书进一步对OTA主导下的在线旅游供应链整合与协调进行了系统研究,将在线旅游供应链中的"价值"作为贯穿本书的研究主线,按照在线旅游者价值诉求的变化与识别、在线旅游供应链的价值创造与创新(资源整合)、OTA主导的在线旅游供应链价值分配(关系协调)三个步骤展开。最后,本书围绕在线旅游供应链内部服务流、信息流、价值流、资金流和游客流等的变化规律,在借鉴国际OTA巨头发展经验和启示的基础之上,对我国传统OTA转型时期的在线旅游供应链优化提出了改进策略。

(二) 主要内容

本书主要是研究在线旅游供应链的整合与优化问题,按照"提出问题、分析问题、解决问题"的一般逻辑思路展开研究。本书共分为五个部分:绪论(第一章)、基础研究(第二、三章)、重点研究(第四、五、六章)、应用研究(第七章)、研究总结与展望(第八章)。

第一章为信息化浪潮中的在线旅游。本章主要内容包括移动互联时代旅游服务与科技创新,在线旅游与旅游供应链,以及研究内容、研究方法

与技术路线。

第二章为在线旅游与供应链研究进展。本章对国内外与旅游供应链相关的文献进行了整理和回顾，梳理出本书的研究切入点、研究内容及其相应的研究方法，同时，对拟借鉴的基础理论进行了简要阐述。

第三章为在线旅游者消费行为特征与价值诉求。本章首先对研究资料进行了整理，分析了在线旅游者消费行为的总体特征；其次运用质性研究方法探讨了影响旅游者在线旅游服务使用意愿的关键因素，运用结构方程验证了这些影响因素与使用意愿之间的相互关系；最后归纳出网络环境下旅游者的新消费主张和价值诉求。

第四章为以OTA为核心的在线旅游供应链模型构建。本章在全面分析信息技术对传统旅游供应链结构产生变革的基础上，凝练出了以在线旅游服务为核心的旅游供应链概念模型，阐述了该模型的构成主体、运作方式、内部机制及保障措施。

第五章为OTA主导的在线旅游供应链整合机理与路径。本章结合供应链整合和顾客价值创造理论，分析了在线旅游供应链的价值创造过程，探讨了基于服务集成和游客参与的在线旅游供应链价值创新方式，从旅游供应链的服务增值和价值实现等方面阐述了以OTA为核心的在线旅游供应链整合机理、路径及策略。

第六章为OTA主导的在线旅游供应链关系协调机制。本章针对OTA委托代理关系中存在的矛盾和冲突，围绕在线旅游供应链价值分配的关系协调，提出了基于信任管理、利益均衡和社会资本的供应链成员关系协调机制。

第七章为我国传统OTA转型中的在线旅游供应链优化策略。本章应用上述理论分析，结合国外在线旅游发展的动态，从传统OTA转型升级的发展战略与具体措施来探寻我国在线旅游供应链优化的解决方案。

第八章为研究结论与展望。本章对研究进行了总结，并对主要观点和结论进行了简要阐述，提出了尚待解决的问题和未来研究的方向。

二、研究方法

（一）文献调查法

文献调查法主要应用于本书的第一章和第二章。借助SpringerLink、Elsevier、EBSCO、CNKI等中英文期刊全文数据库，CNKI中的硕博学位论文数据库，以及百度等搜索引擎，笔者详细阅读和整理了国内外关于旅游供应链、服务供应链等相关学术文献和网络资讯，并从这些资料中梳理出旅游供应链研究的重点内容和方向，以及在线旅游行业和代表性企业的发展动态，通过对比分析总结出网络环境下旅游产品与服务的供需特征，从而为本书构建在线旅游供应链的理论框架模型奠定了基础，同时也为在线旅游供应链优化实证研究提供了国内外企业案例资料。

（二）内容分析法

内容分析法主要应用于本书的第三章。该章通过半结构化访谈的方式来进行定性的质性研究。先根据理论假设提出访谈提纲，再让受访者围绕题目自由地表达自己的想法和意见，具有一定的针对性和严谨性。在朋友圈的好友中，选择了不同年龄、职业且有过在线旅游经历的30名访谈对象，针对消费者对在线旅游的使用意愿及其影响因素进行了探索性研究，试图凝练出影响在线旅游使用意愿的关键因子，为建立数理模型做铺垫。

（三）统计分析法

统计分析法主要应用于本书的第三章。该章采用随机抽样的调查问卷方式，对影响在线旅游者使用意愿的关键因素进行数理统计分析。首先使用SPSS 22.0对样本数据进行主成分分析，同时对问卷的效度和信度进行检验；然后利用PLS（偏最小二乘法）算法建立结构方程模型，确立潜变量和应变量之间的路径系数，对理论假设进行检验；最后通过进一步分析实证结果，揭示了在线旅游者消费行为变化背后的新消费主张和价值诉求。

（四）博弈论方法

博弈论方法主要应用于本书的第五章。博弈论是一种研究具有斗争或竞争性质现象的数学理论和方法，主要用于解决冲突中的协调问题。文本在分析委托代理关系造成的在线旅游供应链冲突的基础上，探讨了市场需求不确定环境下和旅游淡旺季交替的周期性条件下的利益最大化问题，并利用经典报童理论对在线旅游供应链的合理利润分配进行了推理。

三、技术路线

笔者根据以上研究内容、研究方法制定了本书的研究框架和技术路线，如图1-6所示。

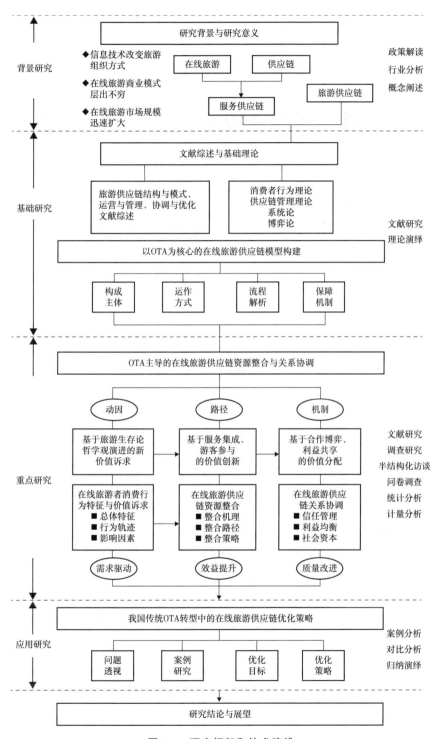

图1-6 研究框架和技术路线

第二章　在线旅游与供应链研究进展

本章主要是对拟开展研究主题和领域的学术成果进行回顾，能够从中获得研究思路、研究设计和研究方法等方面的启示，厘清在线旅游及其供应链研究的历史脉络和知识体系，包括主要成果、研究动态与方向以及不足之处。基础理论是与拟开展研究主题相关的成熟理论，它们能对后续研究提供指导。

第一节　国内外研究现状回顾

一、在线旅游的研究热点

前文对在线旅游及其相关概念进行了区分和界定，但是在研究中，很多学者都没有将在线旅游、旅游网站、旅游电子商务等概念完全区分开。在线旅游起源于旅游预订网站，近年来"在线旅游"成为业界和学术界对面向旅游者提供在线服务这种商务模式的专用名词，与外文文献中的 Online Tourism、E-tourism 等词义相同。在线旅游的研究主要集中于在线旅游消费行为、在线旅游运营模式两个方面。

（一）在线旅游消费行为

随着在线旅游市场规模的不断扩大，网络环境下的旅游消费行为研究也日渐增多，主要涉及旅游者的感知特征、信息搜寻行为、出行计划决策、满意度测评等内容。

1. 在线旅游信息搜寻

从国外的研究来看，游客对旅游信息的获取有别于其他消费者，大量文献集中在旅游信息搜寻的动机、信息源的选择、搜索的影响因素、搜寻策略、搜寻行为等方面。其中，旅游信息搜寻的影响因素一直是研究的热点。John L. Crompton从心理因素和社会人口学特征两个方面分析了国际度假游客的外部搜寻行为，在研究中还发现低搜寻成本是人们利用网络搜寻信息的重要原因之一。Gursoy和Ratchford提出了一个综合心理动机与过程的理论模型，有利于从整体上把握游客信息搜寻行为，目前已有将近60个变量被引入并应用于信息搜寻行为研究之中，这些变量来源于信息环境、情境变量、消费者特征、产品性质等方面。Crotts则指出相关变量的重要性是根据消费者对购买的兴趣和关注程度而发生变化的。Gursoy和McCleary重点研究了先前知识对游客信息搜索行为的影响，认为先前知识主要包括熟悉度和专业知识两个维度。还有学者认为，旅游信息搜寻会根据旅游目的、计划范围、动机以及卷入程度的变化而变化。可以看出，旅游信息搜寻行为已取得较为广泛且深入的研究成果。

从国内的研究来看，旅游信息搜寻策略及行为方面的成果颇为丰富。白晓娟（2001）围绕旅游信息搜索策略与搜索的可能性、游客个性特征以及搜索行为之间的相互关系建构了旅游信息搜索行为模型。岑成德（2007）研究了国内大学生的在线信息搜索行为。陈争艳（2009）将西安市国内游客作为实证研究的对象，通过问卷调查，分析了游客的网络行为，探讨了旅游网络信息流与游客流之间的关系。李洪彬（2010）从在线旅游信息搜寻行为的动因角度，探讨了消费者网上旅游信息搜寻行为的影响因素。李君轶（2010）通过实证调查研究国内游客的旅游网络信息搜索行为特征与偏好，发现我国游客使用网络获取旅游信息在信息获取渠道中居于十分重要的地位。杨敏（2012）对在线旅游信息搜寻的需求、行为和机制进行了研究，通过应用屏幕录像实验研究方法，提出了在线旅游信息搜寻的过程模式、转移与选择模式及其影响机制。

2. 在线旅游购买决策

从国外的研究成果来看，Hyde（2004）探讨了信息搜寻、计划制订、预订之间的关系，以及这些因素和游客的个人特征对实际旅游活动行为产生的影响。Senecal 和 Nantel（2009）针对网络产品推荐对消费者购买决策的影响进行了研究，发现用户网络评价信息能够增强潜在消费者的购买意愿。Stephen Burgess（2009）、Carmine Sellitton（2010）等对消费者的网络信息信任度进行了研究，网络搜寻到的旅游信息主要来源于旅游产品销售者、旅游专家及一些旅游消费者，其中旅游消费者提供的信息最能引起旅游信息搜寻者的信任，在线旅游网站中的用户生成信息能够较好地反映游客的真实旅游体验，用户的评论和陈述可信度较高，其他用户对产品评论的数目越多则潜在消费者的购买意愿越强烈。Cristian Morosan 和 Miyoung Jeong 利用 TAM 模型研究了顾客对于酒店官网直销和第三方预订平台两种预订渠道的感知和评价，结果表明，用户更倾向使用第三方预订平台来预订酒店。

从国内的研究成果来看，购买决策受到多方面因素的影响，与在线旅游购买意愿相关的研究较为丰富。李东娟、熊胜绪（2011）对我国酒店在线预订价格竞争进行了实证研究，深度剖析了代理和直销两种在线预订渠道的定价规律及形成原因，对旅游者选择在线预订渠道给出了相应的建议。秦保立（2011）研究了在线旅游预订服务顾客价值、涉入与忠诚之间的关系，将顾客价值分为功能价值、节约价值、体验价值、情感价值、认知价值、交互价值六种类型，实证了它们和顾客忠诚之间的正相关关系。周舟（2011）研究了网络负面口碑对消费者在线旅游预订决策的影响，实证了感知风险对网络负面口碑具有显著影响。廖广飞（2012）提出使用 SNS 技术来增强在线旅游社区用户的参与性，提高在线旅游预订平台和供应商信息系统的信息协同水平。张璐（2014）从产品类型和消费经验视角出发，分析了在线旅游感知风险和预订行为之间的关系，结果表明，有经验顾客的预订意向强于无经验顾客的预订意向，简单产品的预订意向强于复杂产品的预订意向。

（二）在线旅游运营模式

在线旅游是信息技术和旅游融合发展的产物，它改变了传统旅游企业的营销方式、销售渠道和盈利模式，创新了网络经济中的旅游企业运营方式。因此，国内外学者比较关注在线旅游企业的运营方式、商业模式及成功经验。

从国外的研究成果来看,在线旅游研究始于旅游预订网站。早期的研究成果主要分析旅游网站的运作方式,Daniel Fesenmaier通过对比分析了美国旅游网站的运作方式,将其总结为网络广告、电子机票和交易佣金、品牌合作和优惠战略等方式。Kempa(2003)对澳大利亚的政府和商业旅游网站的经营情况进行了调查,发现旅游网站对提高其海外游客的满意度和忠诚度发挥了重要作用;研究人员对大量旅游网站进行了调研,发现旅游网站在提升旅游企业竞争力、促进旅游目的地发展方面效果显著。

随后,在线旅游服务的范围被不断拓展,关于在线旅游商业模式的研究逐步深入。Daniel Fesenmaier将美国旅游网站商业模式分为三类:旅游产品在线服务的直接提供商、旅游中介服务提供商(在线旅游预订服务代理商)、一般的旅游信息网站。Molina(2001)根据提供服务性质的差异,将欧洲旅游网站分为四类:旅游代理商、专门服务提供商、预订技术提供商、公共代理商。Rao和Smith(2006)认为在线旅游包括在线代理商、供货商网站、搜索引擎、入口网站和拍卖网站五种模式。Lee(2007)探讨了基于移动互联网的旅游信息网络语义服务。Sigala(2007)探讨了社会化网络的使用、管理对在线旅行商业模式运作和决策的影响。Zhang、Wober和Fesenmaier(2008)探讨了旅游搜索引擎的发展对在线旅游领域的影响。从以上文献可以看出,随着信息与通信技术的进步,在线旅游各个环节的服务逐渐专业化,新型在线旅游服务商的涌现推动了在线旅游服务商业模式的不断演进。

从国内的研究成果来看,我国学者对在线旅游的研究始于旅游信息化、旅游电子商务,早期的研究成果主要集中在在线旅游服务商对旅游业的影响、旅游网站营销效果及其运作模式等方面。殷冉红(2000)对旅游网站的概念和内涵做出了界定,阐述了发达国家旅游企业加快旅游网站建设的大趋势,呼吁我国企业重视旅游网站。冯飞(2003)以携程和春秋旅游网为例,对比分析了它们的共同点、核心差异、相对优劣等。陈薇(2003)从电子商务的四种模式出发,提出了旅游电子商务的B2B、B2C、C2B、C2C四种模式构想。周玲强(2003)从旅游行业价值链出发,分析了旅游网站介入价值链的三个阶段,认为旅游网站将推动旅游产业价值链的再造。李雪梅(2004)对国内外典型旅游网站的服务对象、服务类型、营销方式、运作模式进行了比较分析,指出我国在线旅游业的盈利模式存在简单化、同质化等问题,还没有形成欧美集团化业务协作的模式。

之后,在线旅游的研究主要集中在新技术应用、商业模式创新等方面。陈海鹏(2006)将在线旅游企业分为三类:在线代理商、传统代理商的在线业务和旅游供应商的在线业务。郭雅琴(2009)运用交易成本理论对网上旅游代理商的形成与发展动力机制进行了解释,市场动力、政府支持力、社会支持力和企业内部动力共同组成了其发展的动力系统。薛其虎(2010)分析了电子商务应用对在线旅游企业带来的冲击,提出了电子商务环境下的在线旅游企业商业模式的创新途径。按照产生条件、业态、服务内容和经营模式等要素,在线旅游服务商业模式可以分为不同的类型。李东(2011)对在线旅游服务商业模式进行了系统性研究,详细回顾了我国在线旅游商业模式的发展历程,分析了其演化的动力机制,提出了由资源配置、产品与服务、价值对象和盈利模式四要素组成的在线旅游商业模式模型,并在剖析国内外典型在线旅游服务商业模式案例的基础上提出了在线旅行服务商业模式的发展趋势[①]。刘国涛(2013)提出了在线旅游的六种盈利模式,即佣金式、搜索比价式、传统网络式、信息平台式、网络直销式和解决方案式,这些盈利模式的竞争力主要源于业务整合和资源,然后全面剖析了携程网的盈利模式。李璐涵(2014)重点介绍了Priceline公司的商业服务模式,指出智慧旅游、移动互联、线上线下并行运营等是未来在线旅游发展的方向。

近年来,在新一代信息技术的支持下,智慧旅游成为研究热点。比较有代表性的研究成果包括:李君轶、张柳、孙九林等(2011)在探讨旅游系统和旅游信息科学之间联系的基础上,认为创建旅游信息科学已刻不容缓[②];黎巎、Dimitrios Buhalis、张凌云(2013)对近12年信息科学和旅游的交叉领域文献进行了综述[③];彭敏、杨效忠、朱瑞琪(2014)对2005—2012年间的ENTER会议文献集的研究议题及其演进规律进行了梳理,描

[①] 李东.在线旅行服务商业模式研究[D].泉州:华侨大学,2011.
[②] 李君轶,张柳,孙九林,等.旅游信息科学:一个研究框架[J].旅游学刊,2011,26(6):72-79.
[③] 黎巎,Dimitrios Buhalis,张凌云.信息科学与旅游的交叉研究:系统综述[J].旅游学刊,2013,28(1):114-128.

绘了国外信息技术与旅游的交叉研究学术轨迹[①]；李云鹏（2014）梳理了国内外智慧旅游的概念，重新定义了智慧旅游的概念，并对其内涵和外延进行了详细解读。

（三）研究评述

从国内外的在线旅游研究成果来看，消费行为与运营管理已成为关注的热点，学者们借用消费者行为学、电子商务等学科知识对其进行了较为深入的研究。从研究方法来看，消费行为方面的研究多采用实证、个案的研究方法，运营管理方面的研究多采用主观评价和案例分析的方法；从研究的对象来看，相关研究主要是针对在线旅游者、旅游网站等，少量文献研究了在线旅游产业发展问题。由此可以看出，在线旅游研究的视角还比较局限，微观层面的研究偏多，而关于在线旅游产业体系、供应链体系等中观和宏观层面的研究较少。

随着信息技术向旅游各个环节渗透，在线旅游服务的内容愈加丰富，在线旅游已从最早提供简单的机票、酒店预订服务向一站式旅游服务转变，形成了丰富的产品体系。同时，随着信息与通信技术的发展，在线旅游服务向专业化分工发展，形成了垂直搜索、用户内容生成等多种业态的服务供应商，在线旅游供应链体系日渐丰富。在线旅游已成为一个复杂的网络体系，在线旅游消费行为中的信息搜寻和购买决策贯穿了旅游全过程，在线旅游运营模式形成以在线旅游服务商（第三方）为核心的价值创造和价值分配体系。因此，从供应链管理理论和系统论的视角来研究在线旅游现象，可以更好地揭示网络环境下旅游服务生产、传递（中介）、消费过程的规律，以及所有参与在线旅游服务的利益主体之间的关系。

二、旅游供应链研究重点

笔者通过文献检索发现，董凤娜（2005）、王非（2005）、谌小红（2007）、程建刚（2008）、彭剑（2006）、庄亚明等（2010）分别对供应链信息流、供应链管理若干问题、供应链整合、服务供应链研究、供应链中

[①] 彭敏,杨效忠,朱瑞琪.境外信息技术与旅游的交叉研究进展——基于ENTER会议文献集(2005~2012)的统计分析[J].旅游学刊,2014,29(1):119-126.

信息共享问题、供应链协同进行了综述。舒波（2010）、王克稳（2012）、张书云（2013）、杨琳琳（2014）对国内外旅游供应链的研究进展进行了综述，收集整理的国内外相关文献资料比较齐全。综合来看，旅游供应链研究主要集中在以下几个方面：旅游供应链的结构与模式，旅游供应链管理（包括需求与预测、供应管理、关系管理、可靠性评价、绩效考核等），旅游供应链协调与优化。

（一）旅游供应链结构与模式

国外学者对旅游供应链结构的探讨始于对其特性的分析。Harewood（2008）通过传统制造和旅游行业的对比分析，认为旅游产品具有无形性、易损失性和生产消费不可分等特点，游客在旅游生产与消费中具有高度的参与性，上述特点决定了旅游供应链企业利益的高度依赖性[1]。正是这种高度依赖性促使供应链企业必须通过相互协作的方式为游客提供产品和服务。Pearce（2008）认为，相较于制造业或其他服务行业，旅游行业的供应链更为复杂，其对社会的影响和供应链主体的内在联系等也更为复杂[2]。Smith和Xiao（2008）将旅游分销渠道视为旅游供应链的不同表述方式[3]，突出了以旅行社为核心的包价旅游产品销售过程；而Romero和Tejada（2011）的研究认为，从微观、中观和宏观经济学角度才可以准确认识旅游生产链[4]。

在旅游供应链的结构认知方面，国外学者更多地从具体行业的旅游供应链构建入手。Veronneau和Roy（2008）从战略、战术和操作三个层面提出了邮轮供应链的框架模型。Smith和Xiao（2008）分析了三种美食观光供应链的结构：农贸市场供应链、节日供应链和餐馆供应链。Font、Tapper

---

[1] Harewood S. Coordinating the tourism supply chain using bid prices[J]. Journal of Revenue and Pricing Management, 2008,7:266-280.

[2] Pearce D G. A needs-functions model of tourism distribution[J]. Annals of Tourism Research, 2008,35(1):148-168.

[3] Smith S L J, Xiao H G. Culinary tourism supply chains: a preliminary examination[J]. Journal of Travel Research, 2008,46(3):289-299.

[4] Romero I, Tejada P. A multi-level approach to the study of production chains in the tourism sector[J]. Tourism Management, 2011,32(2):297-306.

和 Schwartz（2008）提供了一个可持续发展供应链管理的实施框架[①]。Rusko（2009）对芬兰拉普兰地区的 Levi Resort 进行案例分析，从旅游供应链管理的战略、战术和运营三个层面讨论了旅游供应链管理对于旅游目的地运营的指导作用[②]。

国内学者对旅游供应链的结构认知则是从链式结构的抽象概念入手。徐虹（2009）在对旅游目的地供应链构成主体进行分析的基础上，提出了旅游目的地供应链概念模型。郭海玲、严建援、张丽等（2011）在总结了传统的以旅行社和景区为核心旅游服务供应链模式的基础上，提出了基于B2C 电子商务（直销模式、代理模式和平台模式）的旅游服务供应链结构模式。王克稳（2012）按照时间维度将旅游供应链结构演进归纳为直线型结构、网络型结构（增加了间接供应商）和新型结构（网络媒介）三种基本类型，并对其优劣进行了评价，认为新型旅游供应链结构将更加符合旅游业发展的实际情况。徐会奇等（2013）探讨了网络化环境下以景区为核心的旅游供应链结构模型，并提出了以景区为核心建立网络信息平台的建议。

从国内外的研究成果来看，对旅游供应链结构与模式的认知受到产品供应链思想的影响，关于旅游供应链特性、构成要素的研究较为深入，并且探讨了旅行社、餐饮、邮轮等各种不同细分领域的供应链结构。然而，关于旅游供应链模式的认知仍存在分歧，旅游供给渠道的多样化导致旅游供应链模式的多元化，供应链核心企业的不确定性和动态性加剧了旅游供应链模式的变异，学者们从旅游目的地、旅游企业等角度提出了多种不同的概念模式。从研究趋势来看，学界对旅游供应链的认知逐渐从以产品供给为纽带的实体供应链向以信息传递为纽带的虚拟供应链转变。随着信息技术向旅游业的不断渗透，在线旅游发展迅猛，以旅游网站、电商平台为载体的虚拟旅游供应链研究受到关注，但以在线旅游服务商（第三方）为核心的供应链体系研究还不是很多。

[①] Font X, Tapper R, Schwartz K, et al. Sustainable supply chain management in tourism[J]. Business Strategy and the Environment, 2008,17(4):260-271.

[②] Rusko R T, Kylanen M, Saari R.Supply chain in tourism destinations: the case of Levi Resort in Finnish Lapland[J].International Journal of Tourism Research, 2009,11(1):71-87.

(二) 旅游供应链管理

供应链管理（Supply Chain Management, SCM）是人们在认识和掌握了供应链各环节的内在规律和相互联系的基础上，利用管理的计划、组织、指挥、协调和激励职能，对产品生产和流通过程中各环节所涉及的物流、信息流、资金流、价值流及业务流进行的合理调控，以期达到最佳组合，发挥最大效用，以最小的成本为客户提供最大的附加值。供应链管理的实质是使供应链节点上的各相关企业发挥各自的核心能力，形成优势互补，寻求各环节一体化和内外环境协同改善，从而最终实现顾客价值。进一步来说，供应链管理是将企业之间的竞争转化为供应链之间的博弈，将原有供应链上企业与企业的博弈对立发展为企业经营共生。

国外对旅游供应链管理的研究考虑了经济全球化、信息技术和可持续发展等影响因素，尤其是作为核心企业的旅行社如何发挥其组织作用来约束和鼓励供应链成员企业实施可持续发展行为等方面。研究成果主要集中在：

（1）旅游供应链主体关系管理方面：旅游行业的网络化趋势使得学者们积极预测未来新型旅游供应链的结构。Wynne（2001）等人认为，可同时发挥旅游运营商和旅游代理商等中间商职能的新型中间商，如电脑预订系统（CRS）会随着互联网的发展而出现[①]。

（2）旅游供应链信息技术应用方面：Buhalis和Law（2008）全面回顾并分析了有关信息技术在旅游业中应用的相关研究成果及旅游电子商务的研究现状。Song和Li（2008）分析了信息技术对旅游供应链协同规划与预测的影响。

（3）旅游供应链绩效管理方面：Yilmaz和Bititci（2006）在制造业供应链绩效评价模型的基础上，构建了旅游行业的类似考核框架[②]。Alford

---

[①] Wynne C, Berthon P, Pitt L, et al. The impact of the internet on the distribution value chain: the case of the South African Tourism Industry[J].International Marketing Review,2001,18(4):420-431.

[②] Yilmaz Y, Bititci U S. Performance measurement in tourism: a value chain model[J]. International Journal of Contemporary Hospitality Management, 2006, 18(4):341-349.

（2005）构造了旅游产业服务供应链业务流程成本评估的框架[①]。Zhang、Song 和 Huang（2009）认为旅游供应链的总体绩效管理主要是考察游客对旅游服务的满意度，并可以通过指标评价旅游供应链的弹性[②]。

国内关于旅游供应链管理的文献很多，学者们引入供应链管理理论来对旅游业尤其是旅游企业的发展和行为进行探索，主要集中在供应链主体契约关系、资源整合、可靠性及风险管理、运作绩效评价等方面。主要包括以下文献：

（1）旅游供应链主体关系管理方面：张伟（2003）从旅行社战略联盟的角度指出，从供应链的角度来看，旅行社与其上下游企业的合作是十分必要的，站在战略的高度确立长期的战略联盟，这对双方都是有益的。张东志（2007）试从交易成本的角度来论述核心企业和合作企业进行横向一体化过程中供应链战略伙伴关系建立的问题。夏爽（2008）利用委托代理模型分析了旅游服务供应链的委托代理现象。高玥（2010）[③]、潘晓东（2011）分别对旅游供应链中的伦理和信誉问题进行了研究。徐虹、吕兴洋、刘宇青等（2012）利用中国旅游业相关上市公司的ROA、ROE、ROS及MVA数据，对旅游供应链权力转移进行了实证研究。

（2）旅游供应链整合方面：杨明（2004）提出了用现代物流理念整合旅游业供应链的构想。袁丽婷、白华（2011）提出了通过电子商务开展旅游供应链协同整合的构想。刘宇青、徐虹（2010）分别介绍了旅游目的地商业服务供应链和公共服务供应链的整合方式，其中商业服务供应链整合又分为旅游企业内部整合、旅游服务供应链整合和旅游制造业供应链整合，旅游服务分销商最容易成为供应链整合中的核心企业。曹智等（2012）在研究中提出了供应链整合的三个维度，即内部整合、客户整合和供应商整合，整合的方式主要是信息技术支持的知识共享和企业资本支持下的资源重组。刘伟华（2009）认为服务供应链整合的核心问题在于服务资源和顾

[①] Alford P. A framework for mapping and evaluating business process costs in the tourism industry supply chain[C]//Frew A J. Information and Communication Technologies in Tourism 2005. Vienna: Springer, 2005: 125-136.

[②] Zhang X Y, Song H Y, Huang G Q. Tourism supply chain management: a new research agenda [J]. Tourism Management, 2009, 30(3): 345-358.

[③] 高玥. 旅游供应链中的伦理管理问题研究[J]. 经济研究导刊, 2010(35): 200-201.

客价值创造。在技术和资本的双重驱动下,网络环境下旅游供应商资源开始重新分配,在线旅游者的网络入口逐步被聚合和重新分发,在线旅游服务商的信息化集成水平不断提高,以在线旅游服务商为核心的供应链内外部整合均面临挑战。总的来看,目前关于旅游供应链整合的内容、方式、模式、效果评价等方面的系统研究还比较欠缺,信息与通信技术的进步将极大地提升在线旅游供应链整合的效果。

(3)旅游供应链风险管理方面:李万立(2006)从宏观和微观两个角度对国内旅游供应链现状进行了分析,并对目前国内旅游供应链的风险规避措施进行了初步探讨。伍春、唐爱君(2007)在分析了以旅行社为核心的旅游供应链及其可靠性的基础上,根据供应链质量、柔性和核心企业竞争力等因素构建了旅游供应链可靠性评价指标体系[①]。舒波(2007)从旅行社在动态供应链中面临诸多的不确定性分析如何提升旅行社的强健度。张凤玲(2010)针对以旅行社为核心、以组团社和旅游代理网站为中间商的旅游供应链,从协调可靠性、关系可靠性、结构可靠性和供应链柔性四个方面构建了旅游供应链可靠性评价模型[②]。刘浩(2011)对旅游供应链的可靠性进行了定量研究,并给出相应的对策和建议[③]。舒波(2011)应用复杂网络理论构建了旅游供应链网络集成度评价模型,并尝试进行了算例分析[④]。陈敬芝(2013)从三个维度九大指标构建了旅游供应链运作模式可靠性的评价指标体系,三个维度依次为旅游供应链运作质量标准要求、关键旅游企业竞争力和旅游供应链的柔性[⑤]。林红梅(2013)对旅游供应链面临的内部风险和外部风险进行全面解读,应用AHP分析方法建立了旅游供应链评价体系并进行了风险层级的识别[⑥]。张璐、秦进(2012)认为在线旅游服务供应链具有与传统供应链不同的非线性运作特征,跨行业、跨地域

---

① 伍春,唐爱君.旅游供应链模式及其可靠性评价指标体系构建[J].江西财经大学学报,2007(5):107-109.
② 张凤玲,岑磊.旅游供应链可靠性评价模型分析[J].商业时代,2010(20):117,132.
③ 刘浩.旅游供应链可靠性评价与管理[J].商业时代,2011(29):135-136.
④ 舒波.基于复杂网络的旅游服务供应链集成性评价[J].统计与决策,2011(8):68-71.
⑤ 陈敬芝.旅游供应链运作模式可靠性的评价指标体系构建研究[J].物流技术,2013,32(5):71-72,98.
⑥ 林红梅.旅游服务供应链运作风险分析及其量化[J].企业经济,2013,32(7):118-121.

使得在线旅游服务供应链面临更多风险[①]。

（4）旅游供应链绩效管理方面：代葆屏（2002）指出构建适当的旅游供应链、实现旅游供应链的集成管理、建立分配合理的激励体系能保证整个旅游供应链的竞争优势[②]。梁蓓蓓、刘奋伟（2011）对浙江舟山的旅游集散中心服务供应链运营效率进行了案例分析[③]。王莹、金刘江、刘雪美（2011）建立了针对浙江典型地区农家乐供应链绩效的评价体系[④]；石园、黄晓林、张智勇等（2013）通过比较针对功能性服务提供商、旅行社和游客构建的三阶段游客供应链合作预测问题模型，发现了旅游供应链成员对旅游需求的合作预测能提高供应链的绩效[⑤]。

（三）旅游供应链协调与优化

供应链协调是核心企业对生产流程的过程管理，使其具有较高的整体运营效率。旅游服务供应链协调的总体目标包括降低供应链成本、提升服务质量、提升游客价值、建立稳定的合作关系，以及供应链的持续发展等。旅游供应链协调涉及多个相关主体，协调难度大，市场竞争激烈，违约成本低，诚信缺失，执法力度不够等是引发供应链关系冲突的主要原因。因此，旅游供应链难以建立长期有效的协调机制。

在国外研究中，学者们更关注旅游运营商与航空公司、主题公园、酒店、邮轮等成员的关系协调。Gómez和Sinclair（1991）对英国和西班牙的旅游供应链中不同部门的旅游企业之间的垂直整合和契约关系进行了考察[⑥]。Lafferty和Fossen（2001）探讨了同时进行横向和纵向旅游部门整合

[①] 张璐,秦进.在线旅游服务供应链风险分析[J].中国管理科学,2012,20(S2):580-585.

[②] 代葆屏.旅行社供应链管理模式初探[J].北京第二外国语学院学报,2002(1):19-22,32.

[③] 梁蓓蓓,刘奋伟.旅游集散中心服务供应链运营条件探讨——以浙江舟山为例[J].无锡商业职业技术学院学报,2011,11(1):53-55.

[④] 王莹,金刘江,刘雪美.农家乐供应链绩效评价体系探讨——以浙江省典型地区为例[J].江苏商论,2011(6):135-137.

[⑤] 石园,黄晓林,张智勇,等.基于信息共享的旅游供应链合作预测问题研究[J].经济地理,2013,33(6):170-175.

[⑥] Gómez V B, Sinclair M T. Integration in the tourism industry: a case study approach[M]//Sinclair M T, Sinclair M J. The tourism industry: an international analysis.Wallingford: CAB International, 1991: 67-90.

的问题，尤其是航空公司和酒店[①]。Theuvse（2004）对欧洲旅游运营商的垂直整合进行了实证分析，供应链成员间的契约关系是供应链协调与优化问题研究的重点[②]。Wie（2005）对观光邮轮市场的寡头垄断竞争建立了动态非合作博弈模型[③]。Wachsman（2006）应用纳什博弈模型进行了目的地供应链分析，认为代理能够使酒店和航空公司建立相互合作关系，从而降低产品价格使游客受益[④]。Morgan和Trivedi（2007）建立了包含酒店、旅游代理商和游客的纳什均衡模型，旅游代理商披露的产品信息决定了游客是否会入住该酒店[⑤]。

在国内研究中，魏翔（2007）在景区门票定价的博弈模型中引入了闲暇约束，力图实现景区和旅行社的整体利益最大化。张晓明、张辉、毛接炳（2008）应用博弈论、经典报童模型构建了旅行社和游客二者之间协调的数学模型，探讨了旅行社诚信对供应链协调的影响，并对旅游供应链中若干环节的协调展开了讨论并给出了对策[⑥]。杨丽、李帮义、兰卫国（2009）分别探讨了旅游供应链的利润分配与企业协作问题，其中，杨丽尝试用Shapley值法解决旅游供应链合作带来的收益协调问题。杨树（2009）发现主题公园提高自身的服务质量并不一定能够激励旅行社提高服务质量水平。葛世通（2012）从激励、收益和信誉等方面研究了由旅行社和运输企业组成的两级旅游供应链协调机制。郑四渭（2010）、黄国立（2010）、匡翼云（2011）分别从不同的视角提出了旅游供应链协调与优化的数理模型。此外，还有一批研究者将旅游供应链协调与优化问题作为学位论文和学术著作的研究主题（见表2-1）。

[①] Lafferty G，Fossen A V.Integrating the tourism industry：problems and strategies[J].Tourism Management，2015，22(1)：11-19.

[②] Theuvsen L.Vertical integration in the European package tour business[J].Annals of Tourism Research，2004，31(2)：475-478.

[③] Wie B W.A dynamic game model of strategic capacity investment in the cruise line industry[J].Tourism Management，2005，26(2)：203-217.

[④] Wachsman Y.Strategic interactions among firms in tourist destinations[J].Tourism Economics，2006，12(4)：531-541.

[⑤] Morgan M S，Trivedi M.Service intermediaries：a theoretical modeling framework with an application to travel agents[J].Journal of Modelling in Management，2007，2(2)：143-156.

[⑥] 张晓明,张辉,毛接炳.旅游服务供应链中若干环节的协调[J].城市发展研究,2008(5):139-143.

表 2-1　国内关于旅游供应链协调与优化的主要学术文献

序号	作者	发表时间	类型	主要观点
1	吴琳萍	2006年	硕士论文	《中国旅行社产品供应链优化研究》：针对我国旅行社产品供应链存在的问题提出了相应的对策
2	杨树	2008年	博士论文	《旅游供应链竞争与协调》：应用博弈论模型，对由主题公园和旅行社组成的包价旅游供应链中最优服务质量决策进行了实证研究
3	杨丽	2009年	博士论文	《基于产品差异化策略的旅游供应链合作协调研究》：从旅游产品差异化的内在动力出发，构建了信任、利益、激励三个方面组成的旅游供应链协调机制
4	黄小军	2009年	博士论文	《旅游服务供应链协调机制与整体优化研究》：从旅游产业视角论述了供应链的协调与优化问题，并对江西旅游业进行了实证分析
5	杨晶	2009年	硕士论文	《基于多元结构的旅游供应链协调机制研究》：构建了以旅行社为主体，由产品、信息、资金、知识等多维度构成的双层次旅游供应链协调机制，并对烟台进行了案例研究
6	王兰兰	2009年	硕士论文	《旅游服务供应链的协调问题研究》：把旅行社作为核心企业，研究了其与不同类型的上下游企业协调的问题，并提出了相应的具体措施
7	潘翰增	2011年	博士论文	《旅游服务供应链协调研究》：构建了基于期权契约的旅游供应链协调模型，并对期权契约应对突发事件的效果进行了实证分析
8	郭强	2011年	专著	《资源保护型旅游供应链协调机制与精益化研究》：提出了面向散客的景区资源保护型门票定价模型并进行了实证研究，倡导从供应链视角构建精益旅游服务系统
9	张聿超	2013年	硕士论文	《产业融合背景下旅游供应链协调机制研究》：分析了产业融合下的旅游供应链运营模式，阐释了产品流、资金流、信息流的协调机制及旅游供应链整体的优化对策
10	杨阳	2013年	硕士论文	《基于CPFR的旅游供应链协同模式研究》：将基于协同计划、预测和补给的供应链模型应用到旅游业中，分析了其运作机理和保障策略
11	张晓凤	2014年	硕士论文	《基于三级供应链利润共享契约的在线旅游服务供应链协调机制研究》：构建了F公司基于信息共享和利润共享契约的在线旅游B2B商业模式，并对其业务流程进行了设计

续表

序号	作者	发表时间	类型	主要观点
12	夏静	2020年	硕士论文	《基于契约理论的"景区＋OTA"双渠道供应链协调研究》：建立了"景区＋OTA"双渠道供应链的协调模型，以期实现供应链协调

上述文献资料对本研究有很大帮助，既涉及宏观层面的产业间协调，也涉及供应链内部的运作协调，这使笔者明确了旅游供应链协调的动因及目标、旅游供应链协调的基本方法和途径。从研究的选题来看，越来越多学者关注供应链的协调与优化问题。这主要是因为旅游供应链具有复杂性和不稳定性、外部需求具有不确定性、相关利益主体多、产品同质化严重，以及利润空间受约束容易引发利益冲突，与此同时，从技术、管理、产业政策等角度出发的旅游供应链优化解决方案尚不成熟。从研究方法上看，多注重旅游供应链上一个或两个主体关系协调的实证研究，为旅游供应链的定量研究奠定了基础，同时引入了博弈论、契约理论、社会资本理论等，极大地拓宽了研究的领域和视野。但是，传统旅行社在网络旅游供应链协调中的主体地位正在被削弱，目前关于现代网络技术带来的信息共享对供应链协调的影响的研究较少。

（四）研究评述

总的来看，旅游供应链作为一种特殊的服务供应链，已受到国内外学者的高度关注，并对此展开了广泛的研究，目前已取得了比较丰硕的成果。

从研究内容来看，研究成果主要集中在旅游供应链的结构优化（重要成员构成与核心企业选择）、企业协调和伦理信誉等方面，对旅游供应链网络结构的认知还处于静态的、以抽象结构为主的表象研究阶段，对网络环境下的旅游供应链核心企业认知不足，对旅游供应链网络的生成过程、演化机制等研究不够深入。旅游供应链管理研究的主要内容集中在供需关系和协调管理方面，如上下游供应链主体间的分工协作、链接关系等，对旅游产品和服务的合作开发、供给管理、库存管理和绩效考核等方面的关注较少。在旅游供应链的整体绩效评价方面，供应链的鲁棒性、服务集成性、脆弱性等理论还没有应用到旅游供应链之中，仅仅将企业利润或产业效益作为考核目标，使得旅游供应链绩效评价局限在经济利益维度。

从研究方法来看，已取得的研究成果中理论研究和案例分析较多，而与之相关的实证研究较少。由于研究方法的局限性，研究案例多以几个微观企业为例，尤其偏重从传统旅行社的角度来分析旅游供应链的协调问题，缺少将宏观层面的政策指导、制度约束与微观层面的企业协调相结合的研究，欠缺对供应链外部环境（政府、社区、社会媒体等）的综合考虑。在未来的研究中，我们还可以将诸如计划行为理论、交易成本理论、有限理性经济人假说、博弈论等理论和方法应用到旅游供应链整合与优化的研究领域。

从研究视角来看，未来的研究应更加强调旅游供应链的服务属性，重点研究服务的集成、创造与传递过程，以及伴随其中的价值流、服务流、资金流、游客流和信息流的变化规律。同时，随着网络化、全球化和可持续发展的引入，应高度关注信息技术对旅游供应链的信息交互、旅游供应链的权力分布与转移，以及旅游新媒体的渗透带来的变革。特别是在线旅游的快速崛起，为散客自助旅游提供了便利条件，在线旅游服务商利用其在技术、管理、人才等方面优势，不断增强资源的整合能力、产品与服务的集成创新能力、上下游的协调能力，使其成为旅游供应链上的核心企业。

第二节　本研究相关的基础理论

在线旅游属于旅游和信息技术两大行业的交叉领域。旅游研究本身的基础理论比较欠缺，大多是借鉴管理学、经济学、社会学和地理学等学科的理论开展研究，而与信息技术交叉领域的研究则大多是将系统论、信息论、控制论等作为基础理论。本书侧重于从管理学的视角探讨在线旅游供应链的整合与优化问题，贯穿旅游者价值诉求、旅游服务价值的创造与传递、供应链成员合作的价值分配全过程，将消费者行为理论、供应链管理理论、系统论等作为研究的理论基础。

一、消费者行为理论

菲利普·科特勒认为消费者行为研究就是研究个人、集团和组织究竟怎样选择、购买、使用和处置商品、服务创意或经验，以满足其需要和愿望。消费者行为可以简单地理解为消费者购买行为，包括购买动机、商品感知与评价、购买决策等。消费者购买行为的产生受到内在因素（如个性、消费观念等）和外在因素（如营销刺激等）的相互促进、相互影响，因而显得非常复杂。学界对消费行为理论的研究已长达一百多年，形成了丰富的理论体系。

亚当·斯密的古典经济学理论和马歇尔的新古典经济学理论中已有关于消费行为的研究。早期对消费行为的研究方法主要局限于经济学范围之内，经济学家（如R.W. Lawson等）应用理论模型揭示了收入、价格及供给数量变化对效用或需求偏好的影响，用以解释消费者的选择原因和过程。20世纪60年代，消费者行为学从营销学中逐步独立出来[1]。

在长期的研究过程中，消费者理性假设先后经历了从"经济人""社会人"到"自由人"的转换，形成了实证主义与非实证主义两大研究范式[2]。实证主义研究范式认为消费者是一种消极、被动的客体，消费者的消费过程和体验过程被人为分离开来，Foxall（1997）提出消费者行为容易受到外界环境的影响，继而可以通过企业营销战略控制和引导消费者。但是，非实证主义研究范式认为消费者具备对消费环境进行诠释和构建的能力，消费者行为与购买决策的依据是消费者内在的主观价值系统。人们在做出购买决策时，不仅注重产品的实用价值，还会考虑产品的符号价值。O'Shaughnessy（1985）认为：从诠释视角来说，购买行为不是简单地根据产品所带来的利益与成本收益理性计算，而是消费过程中个人体验的感觉汇集[3]。

笔者认为，消费行为研究的两大范式都有其历史根源，但非实证主义更强调消费者的主观能动性。在商品日益丰富的当今社会，网络环境下的消费者在购买活动中拥有了更多的主动权，消费者的个性和价值主张对购买决策产生了更大的影响。从外部环境因素和内部主管因素两方面来分析

---

[1] Mowen J C, Minor M S. Consumer behavior: a framework[M]. London: Prentice Hall, 2001.

[2] 晏国祥,方征.论消费者行为研究范式的转向[J].外国经济管理,2006,28(1):54-59.

[3] O'Shaughnessy J. A return to reason in consumer behavior: a hermeneutical approach[J]. Advances in Consumer Research. 1985,12(1):305-311.

消费行为更有意义，尤其在现代信息技术对旅游者的消费习惯、体验过程产生巨大影响的时代，探讨旅游者对现代信息技术的接受和使用意愿，以及旅游者消费内在价值主张、价值诉求的变化对在线旅游企业的生产行为具有较强的指导意义。

二、供应链管理理论

（一）供应链管理

供应链的概念起源于扩大的社会化生产（Socialized Production），它将企业的生产活动进行了前伸和后延。供应链管理就是将某些产品和服务的生产按照一定的市场规律划分为若干个相互衔接、功能独立的环节，好似形成一条从原料供应商到消费者的价值增值链条。供应链（Supply Chain）的研究始于20世纪60年代，它是迈克尔·波特的价值链（Value Chain）理论从企业内部向企业外部发展的产物。企业内部供应链是企业内部产品生产和流通过程中所涉及的采购部门、生产部门、仓储部门、销售部门等组成的供需网络，企业外部供应链是与企业相关的产品生产和流通过程中涉及的原材料供应商、生产厂商、储运商、零售商以及最终消费者组成的供需网络[①]，当从企业内部供应链扩展至企业外部供应链，二者就共同组成了企业产品从原材料到成品到消费者的供应链。

20世纪90年代以来，传统制造业生产能力急剧扩大造成经济效益日渐下滑，与此相对应的是消费市场日趋成熟，以知识经济为主体的现代服务业成为推动世界经济增长的新引擎，同时新技术对社会的生产方式、消费方式和交易方式带来了深刻变革，主要表现为企业的业务重心由生产产品向提供服务转变，消费者从单纯购买产品或服务向购买产品和服务一体化解决方案转变，买卖双方从一次交易向生产者为消费者提供长期、便利的服务转变[②]。因此，制造业供应链的边界不断向下游延伸，使制造业和服务业的边界日渐模糊，服务供应链（Service Supply Chain，SSC）越来越受到重视。

[①] 张永超.浅谈供应链管理下的存货会计变革[J].商业会计,2008(21):37-38.
[②] 程建刚,李从东.服务供应链研究综述[J].现代管理科学,2008(9):101-102.

供应链管理的核心思想就是供应链协同运作，其本质是合作与共赢，把供应链上的各个企业看作合作伙伴并进行集成管理。在提高客户响应能力的同时，降低供应链运营的整体成本，实现"链"上物流、信息流、资金流、价值流等的最优配置。供应链管理研究主要集中在供应链结构设计与优化、库存管理、信息技术支持、合作伙伴选择、绩效评价体系、风险管理、冲突与协调策略等领域，按照运行模式，供应链可分为敏捷供应链、集成供应链、绿色供应链和虚拟供应链等类型。

（二）服务供应链管理

国内外学者对服务供应链的模型都展开了深入研究。国外方面，Ellram、Tate 和 Billington（2006）通过 Hewlett-Packard、SCOR 和 GSCF 三个模型的对比分析，提出了服务供应链的初始模型①，此后 Baltacioglu、Ada 和 Kaplan 等（2007）在 Ellram 的基础上提出了新的服务供应链模型（IUE-SSCM）②，如图 2-1 所示。

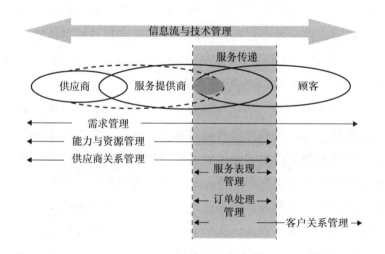

图 2-1 服务供应链模型

---

① Ellram L M, Tate W L, Billington C. Understanding and managing the services supply chain[J]. Journal of Supply Chain Management, 2006, 40(3):17-32.

② Baltacioglu T, Ada E, Kaplan M D, et al. A new framework for service supply chains[J]. The Service Industries Journal, 2007, 27(2):105-124.

国内方面，于亢亢（2007）结合产品供应链分析方法和服务供应链的特点，构建了服务供应链模型（SSCF模型），通过信息流和实体流将供应链各主体连接起来，形成了清晰的网络结构[①]。单汨源、吴宇婷、任斌（2011）在综合考虑顾客双元性、内部服务供应和服务质量链等问题基础上，构建了一种服务供应链拓展模型[②]。

在传统的农业和工业向服务型经济转变的过程中，服务供应链与产品供应链有着本质的区别，服务创造顾客价值已得到业界公认。在服务供应链中，服务设计、服务集成、服务传递、服务交付等形成了价值创造与实现的流动；在旅游活动中，旅游客流与产品供应链中的物流形成了较大的差异。因此，服务供应链管理围绕无形服务的价值创造全过程展开，对供应链成员的分工协作和关系协调起着决定性的作用，给在线旅游供应链的资源整合与关系协调提供了理论指导。

三、系统论

系统论的思想源远流长，它是研究系统的一般模式、结构和规律的学问，其核心思想是系统的整体观念。马克思主义唯物世界观认为，世界上任何事物都可以看成是一个系统，系统是普遍存在的。系统论的基本思想方法是把研究对象当作一个系统来看待，系统强调整体与局部、局部与局部、整体与外部环境之间的有机联系，具有整体性、动态性和目的性三大基本特征。系统论就是分析系统的结构和功能，研究系统、要素、环境三者的相互关系和变动的规律性，然后利用这些特点和规律去控制、管理、改造或创造系统，使它的存在与发展合乎人的目的需要。也就是说，研究系统的目的在于调整系统结构，协调各要素关系，使系统达到优化目标。

国内外许多学者致力于综合各种系统理论的研究，探索建立统一的系统科学体系的途径。在线旅游供应链可以看作由消费者、中间商、供应商和其他供应链相关利益主体共同组成的一个系统，其运作受到系统内部成员相互关系和外部客观环境的共同作用，供应链最优则取决于其整体综合

---

① 于亢亢.服务供应链的模型与构建[J].现代商业,2007(21):156-158.
② 单汨源,吴宇婷,任斌.一种服务供应链拓展模型构建研究[J].科技进步与对策,2011,28(21):10-16.

效益的最大化。因此，从系统论的基本思想出发，构建在线旅游供应链的理论概念模型，并探讨在线旅游供应链的整合和优化问题，是符合马克思主义哲学观的。

四、博弈论

博弈论又称为对策论，是研究冲突和合作的有力工具。博弈论思想古已有之，如《孙子兵法》以及棋牌赌博中的胜负问题。它侧重于研究多个决策主体的行为发生直接相互作用时的决策以及这种决策的均衡问题，尤其适用于多个个体相互影响和相互作用的情景，即首先局中人要意识到自己的行动要影响别人，别人的行动要影响自己，然后根据别人的策略或行动制定自己的相应的策略或行动。

1928年，约翰·冯·诺依曼（John von Neumann）证明了博弈论的基本原理，这标志着博弈论的正式诞生。1944年，约翰·冯·诺依曼和奥斯卡·摩根斯坦（Oskar Morgenstem）的著作《博弈论与经济行为》（*The Theory of Games and Economics Behavior*），将二人博弈推广到多人博弈结构，并将博弈论系统地应用于经济领域，从而奠定了学科基础。

20世纪50年代，博弈论研究在合作博弈理论和非合作博弈理论方面取得了一些进展。1950年和1951年，纳什（Nash）先后发表了《N人博弈中的均衡点》和《非合作博弈》两篇论文，提出了纳什均衡的概念，并证明了纳什均衡解的存在性。1953年，Shapley提出了"讨价还价"模型，Gilles和Shapley又提出了合作博弈的"核"（Core）。之后，博弈论研究向着多阶段动态博弈和不完全信息博弈方向继续发展，Selten提出了动态博弈的"精炼纳什均衡"，Harsanyi提出了不完全信息静态博弈的"贝叶斯均衡"，Kreps和Wilson等学者研究了动态不完全信息博弈。

供应链成员之间交互关系的复杂性使博弈论成为研究旅游供应链上下游成员合作关系的一种有效理论工具。部分学者已将该理论应用到旅游供应链的研究之中，通过博弈论，他们能够对供应链成员之间的竞争和协调关系展开深入研究。本书将重点研究在线旅游中间服务商和上游供应商之间的委托代理关系，探讨需求不确定环境下和旅游淡旺季周期性博弈条件下的供应链整体收益最大化，并用Shapley值法对在线旅游服务商主导下的共同利益分配问题进行了研究。

第三章　在线旅游者消费行为特征与价值诉求

网络信息技术改变了人们的工作与生活方式，网上购物成为一种年轻人的消费时尚，人们的消费习惯也在悄然发生改变，在线旅游的快速发展推动了旅游者消费习惯的改变。网络环境下消费者更容易获得旅游产品信息，能够更方便地购买旅游服务、更便捷地开展旅游活动，这非常契合中青年旅游爱好者对自助旅游的需求。然而，他们对旅游的本质认知以及价值诉求却有新的变化，搜寻、决策、支付、体验、互动、评价等消费行为也随之相应地发生着变化。网络环境下哪些因素驱动消费者选择在线方式购买旅游产品与服务？哪些因素对在线旅游消费行为影响最大？旅游者对在线旅游服务的价值诉求又是什么？以上问题对以OTA为核心的在线旅游供应链生产与运作至关重要。

第一节　在线旅游者消费行为总体特征的调查分析

长期以来，市场营销学、心理学和地理学等不同学科背景的研究者将旅游者行为作为研究对象，大量研究成果集中在旅游者消费行为、旅游者决策行为和旅游者空间行为三个领域。网络信息技术逐步改变了旅游者的消费行为特征，也提供了新的旅游者行为研究工具和方法。

一、在线旅游者的消费行为变迁

（一）旅游消费行为变迁的整体感知

1. 旅游方式网络化、自助化

互联网让旅游方式发生了重大变革。在旅游信息获取方面，网络提供了大量丰富且生动直观的旅游信息，越来越多的潜在消费者通过网络获取，从而舍弃了以往旅行社门店和报纸上的分类信息。在旅游产品预订方面，消费者可以通过网络平台购买所需的机票、酒店等旅游核心产品，能够实现快捷的电子化交易，比以往与旅行社签订团队旅游合同更方便、灵活，旅游者更关注性价比。在旅游消费体验方面，旅游者可以通过网络分享旅行中的趣闻轶事和心理感受，评价所的旅游产品与服务质量，比以往的旅游团队有更丰富的体验。

2. 旅游需求个性化、品质化

从旅游消费的趋势变化来看，消费者所需的旅游产品正在从传统的旅游景点向度假休闲转变，模式也从传统的团队旅游向散客自助旅游转变。在线旅游的迅速发展极大地解决了旅游消费过程中信息不对称的问题，使旅游价格更加透明、合理，可选择的旅游产品也更多。在互联网的推动下，人们的旅游消费需求越来越个性化、品质化，出游方式呈现网络化、自助化。EMARKETER调查数据显示：自2014年起，中国成为全球最大出境游国家，2/3的中国出境游客不倾向团队游，不再喜欢疯狂购物，而是寻求更加独特和个性化的旅游体验。

3. 旅游参与主动化、深度化

与以往的旅游活动相比，网络环境下旅游者实现了从被动的旅游者向积极参与的旅游者转变。以前，旅游者缺乏经验和知识，以及受到独自出行的外部条件（如交通、住宿等）的束缚，只能参加由旅行社组织的全包价旅游，旅游产品以旅行社设计好的线路主题为中心。现在，互联网为旅游者主动获取信息提供了极大的便利，通过网上搜索，人们可以收集旅游产品与服务的信息用于购买决策，从而成为有价值意识、有个人主见的旅游者，主动参与旅游产品线路的设计，要求旅游产品有多种可供选择的组合及产品设计以突出个性化经历体验为中心，并在旅游结束后主动对所接受的产品与服务进行客观的评价，借助社交媒体对旅游服务质量进行监督和反馈。

（二）移动互联网对在线旅游者消费行为的新变化

移动互联网技术与旅游业动态化、碎片化趋势相呼应，改变了旅游预订模式、营销方式和场景体验。随着移动互联网络技术的快速发展、移动终端（智能手机）的普及应用，旅游消费领域也呈现出网络化、数字化、智能化发展趋势。通过基于位置的服务（Location Based Services，LBS）、即时通信、身份识别等功能，旅游消费行为中的时间-空间关系实现了协同整合，泛在性、方便性、个体性和位置性的价值主张，为旅游空间流动更自由、旅游个人体验更人性化提供了根本保障，越来越多的旅游者更倾向于使用移动互联网和在线旅游服务。

1. 移动互联网让消费过程更富变化

旅途中的瞬时消费决策增多。传统的旅行计划一旦制定就很难改变，在旅游者不满意或发生意外的情境下，移动互联网为其改变行程提供了技术支持，如旅游者在旅途中可根据需要随时查询、更改后面的行程安排，可以做出瞬时决策。在游客需求的不确定性日渐增强、追求自由自在旅行的时代，我们需要高度关注散客旅游瞬时决策的触发因子，这将对旅游营销提出新的挑战。

2. 移动互联网让消费过程更富乐趣

虽然旅游有时被认为是逃离现实生活，但旅游始终离不开现实生活。旅游活动让人们身处异地，移动互联网提供的即时通信、信息分享等功能让旅游者能够与日常生活中的朋友保持联系，从而减少旅途中的紧张感、孤独感，让旅游者能够更加放心地参加旅游活动。此外，移动互联环境下旅游者可以在闲暇时间收发邮件、在线玩游戏、浏览新闻、登录社交媒体、交易股票等，让旅游者的生活更轻松、更惬意，不必再担心阻碍外出旅行的个人事件。

3. 移动互联网让信息分享更具时效

移动APP让不同的应用场景成为可能，社会化媒体以及基于位置的服务使得智能手机成为优化旅游服务的一种革命性力量，让服务更实时化，更具便捷性、可搜索性和可分享性。移动互联网使旅游场景化体验带来的快乐能够快速分享，因此具有很强的时效性。同时，这种分享还能够引起朋友圈的关注，从而很好地满足旅游者展示自我、分享心情的需求。将原本消费结束后的信息分享前置到旅游消费过程中，旅游者便可以通过社交媒体立刻获得好友的回应，这种好友间的互动反馈不仅能够增强旅游者的体验感，还能使旅游者获得更好的旅行建议。

4. 移动互联网让消费过程更具体验

旅游分享与评价是旅游者体验活动的重要组成部分，它是下一次旅游的起点，也是传播和表达旅游精神感受的重要方式。旅游中和旅游后的信息分享不仅是一种新的旅游体验方式，还延长了旅游体验时间。特别是游记与点评，它们作为对旅游过程的回味，具有很强的体验感。与朋友圈的互动是旅游者实施点评的主要动力之一，这种互动能够增进因旅游活动而产生的人际交往，能够有效地促进旅游口碑的网络传播。

（三）移动互联环境下在线旅游者的消费行为轨迹

1. 旅游的三个阶段

一般来讲，旅游活动大致可分为旅游前、旅游中和旅游后三个阶段。旅游前主要涉及旅游产品的筛选、购买决策和交易等行为，旅游中主要是享受旅游体验过程，旅游后主要是回忆与评价，旅游中这个阶段的旅游者中心地位最突出。然而，移动互联环境下在线旅游者的旅游过程更加复杂，尤其是旅游前的旅游信息搜寻、知识学习和购买决策等成为影响旅游全过程的关键所在，这导致旅游者会花费大量的时间和精力。具体来看，移动互联环境下旅游者的活动按照旅游前、旅游中、旅游后三个阶段可以进一步分解为五个步骤，即旅游梦想、旅游研究、旅游预订、旅游体验、旅游分享。移动互联对旅游者行为产生的显著变革体现在两个方面，一是旅游前的网络搜寻行为研究，二是旅游分享制造的网络口碑传播效应，它们已成为众多专家学者研究的重点。

(1)"旅游前"的变局。

影响旅游者目的地选择的因素太多,如朋友推荐、网友游记、旅行社促销活动,甚至一首歌、一部电影都可能刺激旅游者做出去某地或不去某地的决定。因此,旅游者需求的不确定性很大,关键是对其需求做出引导和拦截,如搜索/垂直搜索、攻略、点评等,它们改变了旅游者信息获取的渠道,使得旅游活动变成"先搜索,后旅游"。搜索引擎成为人们接入互联网的最前端,是查询旅游信息和查找旅游目的地的重要手段,是游客制订计划的关键点。近年来,国外学者对在线旅游的信息搜寻行为、购买决策和游客满意度测评等进行了深入研究(Peterson 和 Merino,2003;Senecal 和 Nantel,2004;Litvin,2008;Morosan,2008;Burgess,2009;Fesenmaier,2014);我国学者杨敏、马耀峰、李君轶(2012)也对游客在线信息搜寻行为与规律进行了实验研究,利用复杂网络方法虚拟出游客信息搜索的网络路径,认为目前百度搜索对信息链接至关重要,其次是旅游综合类网站。在线旅游者旅游前的信息搜索行为如图3-1所示。

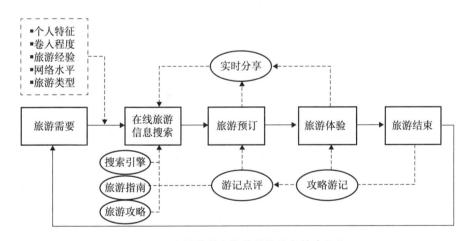

图3-1　在线旅游者旅游前的信息搜索行为

(2)"旅游中"的拓荒。

与传统个人计算机(PC)上网只能为旅游者在出发前提供准备相对比,基于手机等移动终端的移动互联网服务,可以为旅游的整个过程提供服务。旅游中充满着意外和惊喜,旅游者经常做出计划外的决策,冲动性购买让旅行社从中获取了相当可观的利润①。调查发现，在自助游或更高端的度假旅游中，人们往往比平时更舍得花钱。移动互联网技术能够有效地激发并满足旅游者途中的需求，为在线旅游产品与服务提供巨大的发展空间。

(3)"旅游后"的创新。

在线评论和社交媒体对旅游消费行为产生了直接关联，形成了旅游行业的闭环。游记和点评中包含着很多消费信息，也许会被用到自己的下一次旅行中，也可能成为别人游前规划、游中体验的重要参考，刺激、说服人们前往某地购买某些服务或商品，这种引导能够创造出惊人的商业利润。近年来，国内外学者围绕在线点评、社交媒体对旅游消费购买决策的影响开展了大量研究，代表性的国外学者（Zheng，2009；Backer，2012；Munar，2013；Kang，2014等）和国内学者（柴海燕，2009；王真真，2012；郝钰，2012；李莉、张捷，2013；庞璐、李君轶，2014等）均认为人们可以利用社交网络社区内的好友智慧，协助自己做出明智的旅游决策。在社会化媒体的时代，互联网正在围绕着人际关系进行重建。

2. 移动互联环境下的旅游消费过程新图谱

旅游者可以从旅行社门店、客服电话、PC端、移动端等多个渠道对旅游产品进行咨询和购买，并可以交叉使用这些渠道②。手机在线预订成为继线下门市、呼叫中心和互联网之后第四个重要预订渠道，成为各大在线旅游运营商争夺客源的主战场。2012年，携程推出了五款应用，全面覆盖游前预订、游中指南、游后分享三个环节；马蜂窝推出了旅行翻译官、嗡嗡等五款应用亦对三个环节均有覆盖。

图3-2所示为移动互联环境下的旅游消费过程新图谱。

---

①李志飞.异地性对冲动性购买行为影响的实证研究[J].南开管理评论,2007(6):11-18.

②舒伯阳,徐静.基于搜索引擎平台的在线旅游互动营销整合模式研究[J].旅游论坛,2013,6(1):87-91.

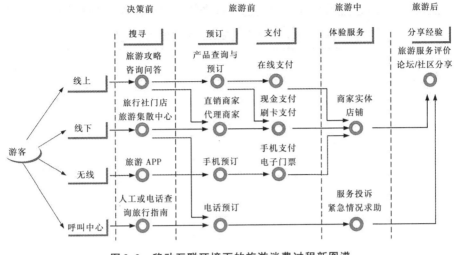

图 3-2 移动互联环境下的旅游消费过程新图谱

二、在线旅游者的消费行为特征

关于在线旅游者的消费行为特征，众多研究机构均发布了较为专业的研究报告。中国互联网络信息中心（CNNIC）发布了《2012年中国网民在线旅行预订行为调查报告》，艾瑞咨询发布了《2018年中国在线旅游行业研究报告》，去哪儿和艾瑞咨询联合发布了《2018年中国在线旅游平台用户洞察研究报告》和《2019年中国在线旅游平台用户洞察研究报告》，网经社电子商务研究中心发布了《2019年度中国在线旅游市场数据报告》，携程和银联国际联合发布了《新旅游、新消费、新中产：2019年中国人出境旅游消费报告》，以及好订网（Hotels.com）发布了多期《中国游客境外旅游调查报告》。各大在线旅游平台通过在线调研、大数据画像等方式，积极对用户的出游行为、触媒行为、消费行为等方面进行调查及研究，掌握游客消费行为新动态，从而为挖掘在线旅游用户营销价值提供参考。本书借助这些报告中的数据，试图从在线旅游国内游、出境游两个方面重新阐述我国居民的旅游消费总体特征。

（一）在线旅游者国内游消费行为特征

通过对公开发布的旅游统计报告和旅游市场研究报告分析可知：中国在线旅游者在旅游动机、旅游搜索、旅游计划、旅游体验、旅游分享等方面存在一定的差异，表3-1列出了这些行为特征中排名前三的调查结果。

表3-1 在线旅游者主要消费行为特征的抽样调查

在线旅游者消费行为特征		排名前三的选项
旅游动机	1	爱好和愿意旅游(78.3%)
	2	受不确定因素影响随机产生(14.9%)
	3	亲朋好友建议和要求(5.3%)
网上获取信息渠道	1	旅游门户网站、社区或论坛(21%—23.1%)
	2	旅游搜索引擎、预订网站、旅行社网站、景区官方网站(约14%)
	3	文旅局官方网站(约11%)
预订前使用搜索网站	1	线下用户：使用百度等搜索引擎(56.7%)
	2	线上用户：使用携程和去哪儿(48.8%和36.8%)
	3	线下用户：使用新浪微博(46.7%)
关注的旅游地信息	1	景区景点介绍和线路行程安排(约14.5%)
	2	过往旅游者的点评攻略、目的地的饮食(约13.5%)
	3	交通和住宿信息(约12.6%)
在线旅游预订细分市场用户规模及比例	1	火车票线上预订人数占总体网民的比例(61.4%)
	2	机票和酒店互联网预订人数占总体网民的比例(52.3%和50.5%)
	3	景区门票、旅游度假在线预订渗透率(18.2%和17.8%)
手机的作用	1	旅游过程中与亲人朋友联络(90%左右)
	2	旅游前进行目的地等行程信息查询(60.6%)
	3	旅游过程中的信息导航(LBS等功能)(59.8%)
旅游者在移动终端安装相关应用的情况	1	绝大多数线上用户和线下用户未安装过(72.5%和89.0%)
	2	线上用户：安装过携程和去哪儿APP的用户(10.6%和10.3%)
	3	线下用户：安装过去哪儿APP的用户(4.4%)
旅游体验分享习惯	1	通过个人博客分享(36.4%)
	2	通过旅游论坛分析(26.5%)
	3	通过QQ等聊天工具分享(22.5%)

注：数据来源于中国互联网络信息中心（CNNIC）发布的《2012年中国网民在线旅行预订行为调查报告》。

1. 在线旅游搜索内容

住宿和交通信息已分别以76%和68%的比例成为在线旅游者的主要搜索内容，接下来的分别是旅游攻略、产品点评、旅游线路、特色餐饮、土特产及天气状况等（见图3-3）。

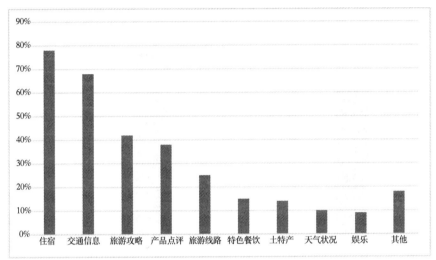

图3-3　中国在线旅游搜索内容的信息量占比

2. 在线旅游信息获取平台

在线旅游者获取旅游相关资讯的主要平台依次为综合搜索引擎，旅游垂直搜索引擎（如去哪儿），旅游预订类网站（如携程、艺龙），微博和社交网站等，较少使用的平台包括论坛、点评网站等（见图3-4）。

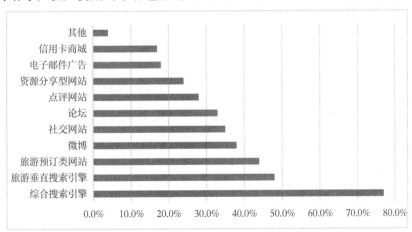

图3-4　中国在线旅游信息获取平台的排名

3. 在线旅游产品预订渠道

在浏览设备使用方面，73%的在线旅游者通过台式电脑上网，使用智能手机和平板电脑的依次为19%和8%；在预订设备使用方面，台式电脑占了92%，而手机和平板电脑只分别占了2.3%和5.7%（见图3-5）。

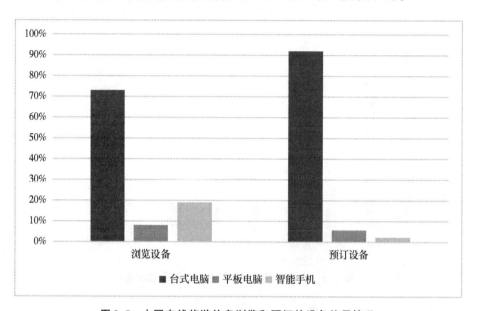

图3-5 中国在线旅游信息浏览和预订的设备使用情况

总的来看，在线机票预订发展最成熟，火车票、门票在线预订增长较快；官网预订看重安全可信，代理商网站和购物网站预订依赖使用习惯，使用搜索主要为了折扣；手机旅游预订发展潜力大，旅游者对周边景点、美食需求旺盛。

（二）在线旅游者出境游消费行为特征

在线资源的使用贯穿于中国游客的整个旅行过程中，旅游前在线研究并预订行程，旅游途中或结束后与家人和朋友分享照片和体验。好订网对3000名出境游客和3000家海外旅游服务商的在线调查显示[①]：

1. 旅游信息来源

中国游客出境旅游的旅游信息获取渠道很多，但不同渠道的信息采用

---

① 数据来源于好订网（Hotels.com）2014年至2018年发布的《中国游客境外旅游调查报告》。

率和信赖度存在较大差异，且这些渠道的重要性较前些年都在慢慢地发生变化。电视、电影和社交媒体很大程度影响了中国游客的出游习惯，62%的中国年轻一代会因全球偶像文化以及电影、电视的熏陶，而前往亚洲以外更远的国家及地区游历；52%的中国游客会受新闻报道的影响。

中国游客境外旅游时对不同信息来源的信赖度和采用率如图3-6所示。

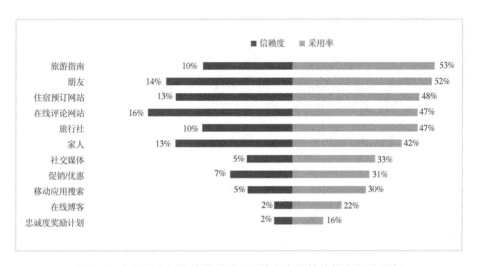

图3-6　中国游客境外旅游时对不同信息来源的信赖度和采用率

从旅游信息采用率来看，旅游指南、朋友、住宿预订网站和在线评论网站等仍然是游客做决定时较喜欢参考的信息来源，但依靠朋友做决定的游客比例逐渐下降，依靠社交媒体做决定的游客比例逐渐攀升。

从旅游信息信赖度来看，在线评论网站获得了出境游客的高度信赖；朋友和家人也是受游客信赖的信息来源主要渠道，选择这两项的受访者共占27%。10%的受访者认为旅行社是值得信赖的来源，此比例与选择旅游指南的受访者比例相同。

2. 旅游预订渠道

从在线旅游决策来看，旅游者在出境之前会使用一系列线上资源选择度假目的地，其中住宿预订网站（48%）和在线评论网站（47%）是他们做决定时较依赖的信息来源。从在线预订比率来看，超过三分之一（36%）的受访者通过在线方式预订住宿；近五分之一（17%）的受访者通过移动应用程序进行预订。

3. 旅游经历分享

中国游客在出国旅游期间和旅游归来后，通常会在社交媒体上分享其照片和经历（总百分比达84%，见图3-7）。

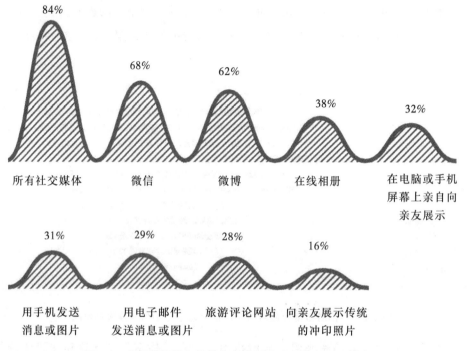

图3-7 出国旅行期间和旅行归来后分享照片和经历的途径

从年龄差异来看，35岁及以下的年轻游客中，超过九成（93%）热衷在线分享，而较为年长的游客比例稍低（81%）。近三分之一（31%）的35岁及以下受访者表示会在旅游评论网站上分享其照片和经历，而年长的游客则更倾向于发送消息或图片。从出行方式来看，与喜欢团队游的游客相比，热衷自由行的游客更倾向于使用社交媒体（自由行游客为88%，团队游客为77%）和旅游评论网站（自由行游客为32%，团队游客为20%）来分享其旅游途中的所见所闻。

从旅游途中和旅游结束后的分享途径来看，通过移动应用程序预订住宿的游客更倾向于使用社交媒体（94%）；其中尤以微信最为盛行，比例为73%。旅行结束后，游客通过用手机发送消息或图片、用电子邮件发送消息或图片、旅游评论网站、向亲友展示传统的冲印照片等多种方式展示旅游经历。

总的来看，出境旅游已是中国人生活水平改善、幸福指数提升的一大标志。2019年，中国人出境旅游消费世界第一，出境旅游人数达到1.55亿人次，比上年同期增长3.3%；说走就走、随走随订成为中国人出境旅游的显著趋势，超过一半的出境消费和预订行为在行程中产生。在境外旅游产品预订方面，最受欢迎的行中产品类别有境外门票、一日游、玩乐项目、当地向导、购物、打车、租车、车船票、订餐、微领队等。在境外消费方面，银行卡消费仍是主要的支付方式，中国游客在境外消费的十大热门场景分别是餐饮、购物、住宿、向导、景点、演出、交通、玩乐、自驾、邮轮。在数字化领域，连接性和高效性对这些"说走就走"的年轻一代而言尤为关键。因此在选择住宿时，联合办公空间（39%）、声控技术（38%）、虚拟现实预订（38%）、机器人客服（32%）、可通过手机操控的门禁系统（31%）以及社交媒体直播间（26%）都是他们所期望得到的附加服务[①]。

第二节 在线旅游服务使用意愿及其影响因素的探索性研究

前文通过对在线旅游者消费行为的观察与统计，初步了解了其消费行为的主要特征，越来越多的自助旅游者选择在线旅游服务方式。但相比传统的旅游产品，在线旅游产品与服务对旅游者的真正吸引力到底来自哪里？网络环境下在线旅游者到底对哪些服务内容及质量最关心？解答这些问题是在线旅游服务商提升服务质量和顾客价值的关键。本研究的主要目的是，从在线旅游者对当前旅游产品与服务的感知和需求出发，探讨影响自助旅游者对在线旅游服务使用意愿的关键因素，为在线旅游服务商的产品设计和服务改进提供依据。

一、研究设计

本研究对国内外文献进行整理和回顾，关于新技术使用意愿研究比较

---

① 数据来源于好订网（Hotels.com）2018年发布的《中国游客境外旅游调查报告》。

成熟的模型和理论主要有技术接受模型（Technology Acceptance Model，TAM）、信息系统持续使用的模型（ECM-IT）等。Davis 和 Bagozzi（1989）的研究表明，用户接纳和使用新技术的使用意愿由感知的有用性和易用性共同决定，行为意向和使用意愿之间存在很强的关联性（见图3-8）。

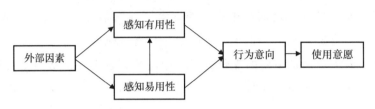

图3-8 Davis等提出的TAM模型

谢礼珊、关新华（2013）从顾客需求知识的视角出发，对在线旅游服务提供者所需具备的能力和知识进行了质性研究，主要包括顾客信息需求知识、顾客服务需求知识、顾客人机交互知识、顾客消费模式知识[①]。陆均良、孙怡、王新丽（2013）对移动互联网用户继续使用意愿进行了实证研究，探讨了感知有用性、感知易用性、感知娱乐性、感知成本、感知风险等对用户满意、继续使用意愿的影响路径[②]。姚唐、郑秋莹、邱琪等（2014）通过实证研究发现，旅游网站的熟悉程度和服务规范程度会影响网络旅游消费者的参与心理与行为[③]。

影响在线旅游服务使用的因素主要分为外部因素和个人因素两大类，本研究旨在探讨影响其使用的外部因素（如系统设计特征、用户特征、任务特征等），更多地从在线旅游服务商提供的产品与服务方面来探寻，如服务供给能力、技术的实现水平、使用便捷性、交易风险、价格等。

（一）访谈提纲设计

为了能够通过访谈更好地收集研究所需的基础资料，笔者对访谈提纲进行了精心的设计。为了能够收集受访者的真实感受和想法，问题既不能

---

① 谢礼珊,关新华.在线旅游服务提供者顾客需求知识的探索性研究——基于在线旅游服务提供者和顾客的调查[J].旅游科学,2013,27(3):1-17.

② 陆均良,孙怡,王新丽.移动互联网用户继续使用意愿研究——基于自助游者的视角[J].旅游学刊,2013,28(4):104-110.

③ 姚唐,郑秋莹,邱琪,等.网络旅游消费者参与心理与行为的实证研究[J].旅游学刊,2014,29(2):66-74.

具有导向性,又不能过于泛化。本研究按照半结构化访谈的基本操作流程,先提出了一个粗线条式的访谈提纲,并征求了相关专家的意见。在反复修改和完善后形成了正式的访谈提纲,包括三个部分(访谈提纲详见附录A):第一部分主要是介绍访谈的目的和获取受访者个人信息,第二部分为访谈的主体内容,第三部分为总结和补充。

(二)样本选取

相关研究显示,在线旅游者的年龄主要集中在"80后"和"90后"等群体,他们熟悉互联网和智能手机的操作技巧,有一定的旅游消费热情和消费能力,并具备独立思考的能力。因此,本研究的受访对象主要选取20—40岁使用过在线旅游服务的用户。我们一共访谈了30名消费者,其中男性20名,女性10名;20—29岁13名,30—40岁17名;学历分布为初中2名、高中3名、本科15名、研究生10名;职业包括了学生、教师、公司管理人员、企业技术人员、公务员等。本研究采用一对一的面谈和网络访谈,每次访谈持续时间为15—30分钟。在征得受访者同意的前提下,对访谈的内容进行录音,并在事后及时将录音材料转换成文字记录。

(三)资料编码

按照 Anselm Strauss 和 Barney Glaser 两位学者提出的扎根理论研究方法,本研究对材料进行了分析,遵循一级编码(开放式编码,Open Coding)、二级编码(主轴编码,Axial Coding)和三级编码(选择性编码,Selective Coding)的逐级编码要求。首先将打散的定性资料概念化,然后将得到的条目按照一定规则联结在一起,建立范畴,选择一个或几个条目所形成的核心范畴勾勒出初步的理论,最后将初步的理论返回到原始资料进行验证。

一级编码:研究者反复仔细地阅读材料,将文字资料按照段落大意进行分段,再从每个段落中寻找具有意义的语片,概括出语片的核心意义。为了交叉验证访谈内容,将定义出的相关问题的语片进行对照,进一步提炼,将同类的语片合并,并用更上一级的"概念类属"来进行概括。二级编码:建立"主要类属",将一级编码所做概念类属概况进一步归类。三级编码:在所有已发现的主要概念类属中经过系统分析以后选择一个"核心类属"。

二、研究结果

（一）质性研究的理论框架

采用扎根理论的主要目的是从访谈中提炼出对实证研究有用的变量及问项，为大样本的数据分析奠定基础。通过编码、归类和抽象等过程，旅游者对在线旅游服务使用意愿的外部关键影响因素可总结为信任、兼容性、服务的内容和服务的效率4个范畴，以及10个二级编码和23个一级编码（见表3-2）。这些因素主要是从在线旅游服务商服务供给角度考虑的，与现有的实证研究结论存在一些差异。宋之杰、石晓林、石蕊（2013）对在线旅游产品购买意愿影响因素进行了实证分析，除了感知有用性、感知易用性之外，感知风险、创新特性及主观规范都对消费者购买在线旅游产品购买意愿有显著性影响[①]。其中，主观规范主要取决于消费者个人特性，感知风险则与网络支付安全、隐私保护等电子商务宏观环境有关。陆均良等人的实证结果显示，感知风险对移动互联网的使用意愿不显著。他认为感知风险更可能是一种保健因素，当互联网安全达到一定程度时，关注度就不会再上升。因此，本研究没有考虑主观规范和感知风险，而是借鉴了创新特性的部分内容。

表3-2 旅游者对在线旅游服务的使用意愿及其影响因素

三级编码	二级编码	一级编码	频次
信任	善意信任	旅游服务态度热情、友善	23
		企业社会责任意识	3
	能力信任	企业品牌忠诚度	19
		企业的整体实力	12
		业务覆盖范围	4
	诚实信任	旅游服务流程很细致	20
		旅游产品描述的真实性	9
		消费的透明度和公平性	12

[①] 宋之杰,石晓林,石蕊.在线旅游产品购买意愿影响因素分析[J].企业经济,2013(10):96-100.

续表

三级编码	二级编码	一级编码	频次
兼容性	操作更方便	可根据场景任意选择	5
		用户信息多端共享	5
	操作流程一致	操作流程完全一样	9
服务的内容	可选择性	旅游服务项目多	2
		旅游目的地覆盖范围广	15
		旅游产品销售方式灵活	3
		旅游产品定价层次多	25
	互动性	可以点评旅游服务	13
		可以分享旅游经历	8
		可以获得更多的新体验	22
	专业性	专业的旅游攻略和旅行指南	14
		精心设计的旅游产品	8
服务的效率	即时服务	能够随时随地提供服务	25
	处理速度快	预订服务效率高	28
		预订成功率高	13

(二)访谈内容的验证与解释

1. 信任

消费者对在线旅游服务商的信任可以借鉴其他文献中对它的内涵界定,即善意信任、能力信任和诚实信任三个维度[①]。

(1)善意信任。

善意信任主要源自信任者确信被信任者不会伤害自己,并且会维护自己的利益。在线旅游服务商本身就是为了给旅游者提供更快捷、更优质的旅游体验,因此,其热情、友善的服务态度及社会责任感会让消费者产生这种信任。由于信息服务是旅游活动中较重要的部分,信息技术的应用不但会降低在线旅游者的信息使用成本,而且不会对旅游者产生危害。

---

① 廖成林,龚小艳,李忆.新客户的网站感知和信任对其在线购买行为影响的实证研究[J].技术经济,2012,31(1):16-21.

客服人员的态度非常亲切，很乐意帮助我解决预订中遇到的问题，能够耐心倾听我的解释和抱怨，他们打心底里替顾客着想，我觉得他们是值得信赖的人……他们很有爱心，为行业发展做出了积极的贡献，是有科技含量的企业。（旅游服务态度热情、友善，企业社会责任意识强）

（2）能力信任。

能力信任主要源自信任者确信被信任者有足够的能力完成其委托的任务。在线旅游服务商的品牌、实力、业务覆盖范围、服务细节等会让消费者觉得其值得信赖。能力体现在企业的品牌感召力、经济实力、管理能力及服务供给能力等方面，这些细微之处足以让消费者感受到在线旅游服务商的履约能力。

虽然携程的价格可能会高一点，但它的品牌值得信赖，一般情况下我还是会选它。携程、去哪儿应该是很有实力的，它们和全球很多个国家的旅游目的地机构都有合作。（企业品牌忠诚度、企业的整体实力、业务覆盖范围）

携程的服务非常周到，网页设计得非常直观，行程一目了然，旅游中的具体要求和注意事项都说得非常清楚。旅途中，还有短信或电话同我进行预订信息的确认，让我觉得很放心。（旅游服务流程很细致）

（3）诚实信任。

诚实信任主要源自信任者确信被信任者不会做出欺诈、坑害消费者的行为或隐瞒过错的行为。产品与服务描述的真实性和消费过程的透明度是在线旅游服务商诚信的表现。诚实是一种长期积累的品质，可以从他人的评论、业务经营活动中得以充分体现。

一般自助旅游前我都会在网上查找攻略，了解线路、气候、景点等情况，从而避免上当受骗，避免被人误导消费甚至受到伤害……这让我觉得很真实。（旅游产品描述的真实性）

网上的产品都是明码标价的,每个细节将会产生的费用都说得很清楚,不会发生同一旅游团中不同客人的费用不同的情况。(消费的透明度和公平性)

2. 兼容性

兼容性是指在线旅游服务中的PC端和移动端多屏转换的一致性。PC端能够提供更全面、直观的大屏展示,但便携性较差;移动端具有随身携带的方便性,但屏幕小影响了旅游信息的浏览。

PC端和移动端的交替使用,以及用户信息的多端共享,能够让旅游者的操作更方便。PC端和移动端的操作流程能够保持完全一致,完全不影响旅游者的操作效果。平板电脑和智能手机用户的在线旅游使用次数增长得非常快。

现在的在线旅游平台都推出了无线客户端,它跟电脑端没有太大的区别,查询和预订的操作流程都是一样的。我更需要在旅游中使用手机,只是手机屏幕有点小,手机电池续航时间有限……在出发前,我会用电脑做行程规划,而旅途中会使用手机进行导航、通信、分享等,可以通过云储存空间同步个人账号信息。(可根据场景任意选择、用户信息多端共享、操作流程完全一样)

3. 服务的内容

服务的内容是旅游者最关心的,旅游者需要了解旅游目的地的基本情况,同时制定行程规划和在网上预订服务。在线旅游服务商以提供信息服务为主,旅游者较看重其可选择性、互动性和专业性。

(1) 可选择性。

旅游者主要是对旅游目的地、旅游中的服务项目、购买方式和价格进行选择,在线旅游平台比旅行社提供了更多的各类产品,服务项目和购买方式可以选择,产品价格定位各不相同,同时还可以比价。

可以在线预订旅馆、门票、餐厅等,主要原因是方便快捷以及价格比较实惠,而且可以在线看到实物图片。到达旅游目的地后,手机地图定位功能必不可少,随时可以掌握自己所处方位和周边相关信息。对于当地的交通,可以打车或者租车……在线网站覆盖了全球各地的旅游景点,给我的旅行提供了更多选择。(旅游服务项目多、旅游目的地覆盖范围广)

在线旅游网站可以单独预订酒店、机票,还可以团购、秒杀,我们单位有些同事还在途牛上购买个人定制服务,能够按照你的要求来设计个性化的线路,提供个性化的服务……我会实时关注途牛上的特卖,找机会抢一些价格超划算的尾单。(旅游产品销售方式灵活)

我偏好在携程订酒店,因为其酒店数量多、覆盖范围广、价格也相对优惠,我认为它是订酒店的首选。去哪儿则是我订机票的首选,它提供了多家航空公司的线路和优惠的票价。(旅游产品定价层次多)

(2) 互动性。
信息技术使得商家与旅游者、旅游目的地与旅游者,以及旅游者之间有了更多的互动,主要体现在在线点评、即时分享、获得新体验三个方面。

我非常乐意对在线旅游服务进行点评,一方面可以获得积分奖励,另一方面我更愿意将我的旅游经验和心得体会告诉更多的人,让他们去旅游时能从中获得帮助,同时也说出不好的方面,督促商家改进其服务。在论坛中我结识了一帮驴友,有机会我们会相约出游。(可以点评旅游服务、可以分享旅游经历)

达到旅游目的地后,在专用通道窗口出示手机短信后,很快换取了入园的门票,感觉旅游过程很轻松……厦门鼓浪屿开发了一个微信公众号,很智能,提供了许多便捷服务和有趣操作。(可以获得更多的新体验)

(3) 专业性。
服务内容的专业性主要体现在专业的旅游攻略和旅行指南、精心设计的旅游产品等方面。

马蜂窝旅游攻略适合在出发前对旅游目的地的信息进行了解，尤其是很多其他游客的旅游心得和推荐可供我们进行旅游决策参考。那些旅游攻略会实时更新，具有较高的参考性。携程上的旅游达人都是经验丰富的旅行家，他们的游记和攻略也非常详细。（专业的旅游攻略和旅行指南）

我个人比较偏向于专类网站，比如酒店，一般就在Agoda、Booking进行比价后预订；去哪儿的景区门票服务很全面，也很到位，价格也有优势……网站上总是会推出一些主题新颖的旅游目的地和线路，感觉它们都是精心挑选的。（精心设计的旅游产品）

4.服务的效率

服务的效率主要是指在线旅游服务简单、快捷、效率高，服务效率高能够触发旅游者的购买决策，同时也让出门旅游变得更为容易。在线旅游服务商的高效体现在即时服务和处理速度快两个方面。

（1）即时服务。

在线旅游服务商能够24小时提供服务，旅游者能随时随地查询和预订旅游产品。

（2）处理速度快。

在线旅游预订服务效率高，预订后产品有保障。

足不出户就可以了解出行的信息。通过携程、去哪儿，我可以随时预订全国的酒店、机票、火车票等，非常方便。（能够随时随地提供服务）

用携程网订机票，非常有保障，也很便捷……国庆节自驾去皖南，晚上到达时各家宾馆几乎客满，幸好我提前在网上预订了房间，宾馆一直为我保留着房间，而且价格优惠。当时我就感觉到网络预订渠道很靠谱。（预订服务效率高、预订成功率高）

第三节 在线旅游服务使用意愿及其影响因素的实证研究

为了进一步探究在线旅游者消费行为发生变化的内在原因,以及这些关键影响因素和使用意愿之间的关联度,本研究采用随机抽样调查的方法对其进行实证研究,试图通过建立结构方程对其关系进行论证。

一、理论与假设

(一)文献回顾

有关互联网和现代信息技术使用意愿的研究成果已相当丰富,冯萍(2005)[1]、桂媚君(2007)[2]、唐芙蓉(2008)[3]、李鹤(2010)[4]、韩璐(2011)[5]等分别对网络银行、移动支付、移动增值业务、移动互联网等进行了研究。从研究的基础理论来看,大多数研究都采用了技术接受模型(TAM)和计划行为理论(TPB)等。相关研究认为消费者对在线旅游产品与服务的购买意愿取决于多种因素,如态度、主观规范、感知易用性、感知有用性、感知个性、感知风险、感知娱乐性、创新特性等。

(二)理论假设与研究模型

本研究的理论假设与研究模型如下。

---

[1] 冯萍.消费者网络银行使用意愿实证研究[D].北京:对外经济贸易大学,2005.
[2] 桂媚君.个人网上银行使用意愿影响因素的实证研究[D].杭州:浙江大学,2007.
[3] 唐芙蓉.移动支付技术采纳的影响因素研究[D].成都:电子科技大学,2008.
[4] 李鹤.移动互联网业务使用行为影响因素研究[D].北京:北京邮电大学,2010.
[5] 韩璐.移动增值业务消费者使用意愿实证研究[D].北京:北京邮电大学,2011.

1. 兼容性

移动互联网技术和智能手机的广泛应用，使得越来越多的用户通过电话、网站和旅游APP等渠道与在线旅游服务商进行信息沟通和互动。这些渠道之间的信息共享和界面一致性使得用户更容易接受在线旅游服务，同时在旅游前、旅游中、旅游后各个环节，用户能够根据需要轻松地使用这些渠道，并且多渠道交替使用能给用户提供更多的帮助，更容易建立用户对在线旅游服务商的信任。因此，本研究提出如下假设：

H_1——在线旅游信息渠道的兼容性与用户的感知易用性呈正相关关系；

H_2——在线旅游信息渠道的兼容性与用户的感知有用性呈正相关关系；

H_3——在线旅游信息渠道的兼容性与用户的信任呈正相关关系。

2. 服务的内容

服务的内容包含了旅游信息搜索、浏览、交易和评价等多个环节。在线旅游服务商对于旅游产品及相关信息的多样化呈现方式以及在线查询和预订等功能，可提供不间断的服务，使得在线旅游服务覆盖旅游前、旅游中和旅游后的各个环节。同时，在线旅游服务商对于旅游产品的分类、旅游信息的整理及旅游消费的评价，能够使用户比较容易做出决策。服务内容的全面性、沟通的及时性、图文并茂及消费后的点评增强了真实性，这对于建立用户的信任起到了积极作用。因此，本研究提出如下假设：

H_4——在线旅游服务的内容与用户的感知易用性呈正相关关系；

H_5——在线旅游服务的内容与用户的感知有用性呈正相关关系；

H_6——在线旅游服务的内容与用户的信任呈正相关关系。

3. 服务的效率

服务的效率包含了服务的及时性和服务的高效。在线旅游服务为用户个人开展自由的旅游活动提供了条件保障，与传统旅游相比，它更具体验性、更能满足人的生存需要。高效快捷的服务能够取得用户的信任，但同时也使得在线交易风险变大。因此，本研究提出如下假设：

H_7——在线旅游服务的效率与用户的感知易用性呈正相关关系；

H_8——在线旅游服务的效率与用户的感知有用性呈正相关关系;

H_9——在线旅游服务的效率与用户的信任呈正相关关系。

4. 感知易用性

感知易用性主要是指在线旅游的易操作性。对用户而言,简单、易操作的购买流程更能够吸引他们,这样能够节约用户的时间成本和经济成本。良好的用户界面和服务流程能够提升用户的好感度,与传统线下旅游服务繁杂程序形成对比,从而增强用户的使用意愿。因此,本研究提出如下假设:

H_{10}——在线旅游的感知易用性与用户的使用意愿呈正相关关系。

5. 感知有用性

感知有用性是指在线旅游平台能够提高用户的购物效度。首先,在线旅游平台能够提供丰富的旅游产品供用户选择,同时能够为用户决策提供广泛的知识学习和互动反馈,使用户决策更加理性。其次,在线旅游产品的价格相对便宜,还能够对产品和价格进行比较,从而做出具有较高性价比的选择。最后,在线旅游平台为用户提供了攻略、分享、点评等关联服务,能够改善旅游体验。因此,本研究提出如下假设:

H_{11}——在线旅游的感知有用性与用户的使用意愿呈正相关关系。

6. 信任

信任是指在线旅游服务商及其商品获得用户的信赖和认同。用户对广告、品牌以及企业行为的信任,能够增加其持续使用的意愿。在线旅游消费中存在着的陷阱和欺诈行为,这严重影响了用户的信任,只有越来越规范的在线旅游市场才能获得更多消费者。因此,本研究提出如下假设:

H_{12}——在线旅游企业及产品的信任与用户的使用意愿呈正相关关系。

在线旅游产品与服务的使用意愿模型如图3-9所示。

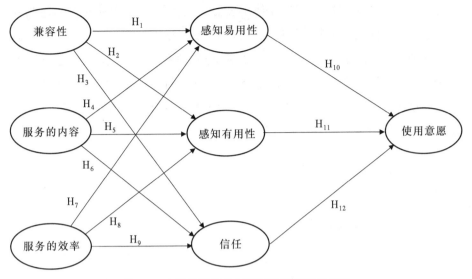

图3-9 在线旅游产品与服务的使用意愿模型

二、研究设计

（一）数据收集

在线旅游的渗透率已超过10%，在随机抽样中的人群中，有过在线旅游消费经历的比例较高，因此，本研究通过对武汉市的在校大学生、旅游从业人员以及网络用户等发放纸质和电子版的调查问卷来获取数据。

2017年10—12月，笔者共发放问卷500份，实际回收的有效问卷357份，有效问卷回收率为71.4%。其中，女性占比为41.8%，男性占比为58.2%，男女比例基本持平。20岁以下占比为8.9%、20—29岁占比为57.6%、30—39岁占比28.4%、40岁及以上占比为5.1%。总体来看，在线旅游服务使用者的年龄较轻，与互联网和智能手机用户的使用比例相符，大多是讲究经济实惠和个性化的年轻人。从学历结构来看，高中及以下学历占比为4.7%、大学本科占比为51.3%、硕士占比为28.9%、博士占比为15.1%，这说明在线旅游使用者的学历水平整体偏高。此结果与依托于信息技术的旅游消费对个人综合能力要求较高有关。

（二）问卷设计与数据处理

本问卷一共包括7个潜变量，即兼容性、服务的内容、服务的效率、感知易用性、感知有用性、信任和使用意愿,包含了21个观测题项。观测变量的题项测度使用李克特7级量表,"1"表示完全不同意,"7"表示完全同意(调查问卷详见附录B)。对于数据的处理和分析,本研究先使用了SPSS 17.0对样本数据进行主成分分析,同时对问卷的效度和信度进行检验,并剔除不符合要求的变量;然后通过PLS软件对假设模型进行检验,并对数据分析结果进行解释和说明。

三、数据分析与结果

(一)信度与效度检验

信度检验是实证分析中极为重要的步骤,主要是对问卷的可靠性、稳定性和一致性进行检验,分为内部信度和外部信度两种。本研究主要采用内部一致性这个指标来进行检验,采用克朗巴哈系数(Cronbach's alpha)来进行估计,克朗巴哈系数越大则认为变量各题项的相关性越大。美国统计学家Hair等认为克朗巴哈系数大于0.7就可以接受。本研究中各因子的克朗巴哈系数如表3-3所示。

表3-3 各因子的克朗巴哈系数

因子	克朗巴哈系数	题项数量
兼容性(JR)	0.973	2
服务的内容(NR)	0.977	3
服务的效率(XL)	0.990	2
感知易用性(RY)	0.962	4
感知有用性(YY)	0.959	4
信任(XR)	0.960	4
使用意愿(BE)	0.974	2

1. 探索性因子分析

效度检验主要反映问卷设计者的意图能否让被调查者理解,即问卷题项与实际研究问题的概念相符程度,主要包括表面响度、区分效度和结构效度。本研究采用主成分分析(Principle Component Analysis,PCA)来检验问卷的效度,通过SPSS 17.0软件进行巴特利特球形检验(Bartlett's

Test of Sphericity），根据 KMO 值来判断量表是否适合进行主成分分析。KMO 和巴特利特球形检验的结果如表 3-4 所示。通常 KMO 值大于 0.6 则可以勉强进行主成分分析，大于 0.7 则适合主成分分析。本量表的 KMO 值为 0.762，因此适合主成分分析。

表 3-4　KMO 和巴特利特球形检验

KMO 取样适切性量数		0.762
巴特利特球形检验	近似卡方	18215.634
	自由度	357
	显著性	0.000

采用最大方差旋转法（Varimax Rotation Method）对因子进行旋转后，7 个公因子的贡献度达到 93.153%（见表 3-5），表明提取的公因子能较好地反映问卷设计的主要内容。

表 3-5　最大方差法因子旋转后的总方差解释

序号	初始特征值			提取载荷平方和			旋转载荷平方和		
	总计	方差百分比/（%）	累计百分比/（%）	总计	方差百分比/（%）	累计百分比/（%）	总计	方差百分比/（%）	累计百分比/（%）
1	6.535	23.340	23.340	6.535	23.340	23.340	3.915	13.984	13.984
2	4.668	16.671	40.011	4.668	16.671	40.011	3.778	13.493	27.476
3	3.963	14.155	54.166	3.963	14.155	54.166	3.756	13.413	40.890
4	3.883	13.867	68.034	3.883	13.867	68.034	3.710	13.251	54.141
5	2.976	10.628	78.662	2.976	10.628	78.662	3.657	13.059	67.201
6	2.244	8.016	86.677	2.244	8.016	86.677	3.638	12.994	80.194
7	1.813	6.476	93.153	1.813	6.476	93.153	3.628	12.959	93.153
8	0.370	1.321	94.474						
9	0.284	1.013	95.487						
10	0.199	0.710	96.197						
11	0.155	0.555	96.752						
12	0.147	0.527	97.279						
13	0.117	0.418	97.697						
14	0.105	0.374	98.071						

续表

序号	初始特征值			提取载荷平方和			旋转载荷平方和		
	总计	方差百分比/(%)	累计百分比/(%)	总计	方差百分比/(%)	累计百分比/(%)	总计	方差百分比/(%)	累计百分比/(%)
15	0.088	0.314	98.385						
16	0.060	0.213	99.066						
17	0.044	0.157	99.396						
18	0.029	0.103	99.619						
19	0.023	0.081	99.788						
20	0.016	0.059	99.915						
21	0.010	0.037	100.000						

此外，在管理学问卷调查的研究中，如果数据来源越单一、测量方法越类似，就越容易导致两个变量之间变异的重叠，即共同方法变异（Common Method Variance，CMV）。为了考察量表是否存在严重的共同方法偏差，本研究采用Harman单因子测试（Harman's Single-Factor Test），即考察是否存在一个变量解释了绝大多数的方差。从表3-6的分析结果来看，各个变量解释的方差大致相同，本次调查不存在严重的共同方法偏差问题。

表3-6　采用PCA进行方差最大法旋转后的因子矩阵

题项	因子						
	1	2	3	4	5	6	7
JR01	**0.958**	0.032	−0.051	0.168	−0.016	−0.032	0.112
JR02	**0.913**	−0.030	0.093	0.140	0.106	0.153	0.015
NR01	−0.021	**0.942**	0.024	0.104	0.166	0.097	−0.052
NR02	−0.056	**0.942**	0.013	0.146	0.036	0.065	0.138
NR03	−0.050	**0.952**	−0.025	0.120	0.161	0.099	0.097
XL01	0.012	−0.036	**0.979**	−0.021	0.047	0.071	0.103
XL02	0.040	−0.061	**0.969**	0.036	0.071	0.079	0.140
RY01	0.075	0.190	0.057	**0.902**	0.120	−0.089	−0.011
RY02	0.054	0.130	0.003	**0.913**	0.055	0.049	0.127
RY03	0.037	0.105	0.018	**0.961**	0.062	−0.110	−0.109

续表

题项	因子						
	1	2	3	4	5	6	7
RY04	0.027	0.106	0.019	**0.948**	0.064	−0.105	−0.110
YY01	0.130	0.006	0.017	0.167	**0.952**	0.012	−0.048
YY02	0.064	0.123	0.203	0.040	**0.870**	−0.030	−0.106
YY03	0.156	0.120	0.122	0.111	**0.920**	0.096	0.091
YY04	0.132	−0.001	0.012	0.185	**0.938**	0.015	−0.033
XR01	0.122	0.177	0.092	0.045	−0.002	**0.889**	0.032
XR02	0.080	0.020	−0.016	0.064	−0.116	**0.949**	0.052
XR03	0.024	0.123	−0.041	0.068	−0.069	**0.943**	0.001
XR04	0.033	0.012	0.003	0.101	−0.054	**0.953**	0.001
BE01	−0.031	0.071	0.125	0.192	0.111	0.109	**0.916**
BE02	−0.031	0.149	0.189	0.105	0.053	0.114	**0.931**

2. 量表信度及效度分析

平均提取方差值（Average Variance Extracted，AVE）是统计学中检验结构变量内部一致性的统计量。本研究中样本的每个因子平均提取方差值都大于0.5，新变量的组成信度（Composite Reliability，CR）都大于0.7，同时其所对应的测度项在该因子上的标准负载基本都大于0.7（见表3-7），这表明所有指标在各自归属因子上的负载都很高，因此，模型具有良好的内部一致性信度。

表3-7 量表信度及效度分析

因子	测度项	标准负载	克朗巴哈系数	信度	平均提取方差值
兼容性(JR)	JR01	0.975	0.973	0.980	0.925
	JR02	0.930			
服务的内容(NR)	NR01	0.968	0.977	0.983	0.934
	NR02	0.961			
	NR03	0.953			
服务的效率(XL)	XL01	0.989	0.990	0.992	0.970

续表

因子	测度项	标准负载	克朗巴哈系数	信度	平均提取方差值
服务的效率(XL)	XL02	0.983	0.990	0.992	0.970
感知易用性(RY)	RY01	0.943	0.962	0.972	0.897
	RY02	0.924			
	RY03	0.968			
	RY04	0.989			
感知有用性(YY)	YY01	0.969	0.959	0.970	0.891
	YY02	0.888			
	YY03	0.959			
	YY04	0.957			
信任(XR)	XR01	0.931	0.960	0.970	0.890
	XR02	0.951			
	XR03	0.943			
	XR04	0.948			
使用意愿(BE)	BE01	0.962	0.974	0.981	0.927
	BE02	0.973			

表3-8列出了各因子的相关系数及AVE的平方根（在对角线以粗体显示），各因子的AVE的平方根远大于其他因子的相关系数，表明量表具有良好的收敛效度。

表3-8 各因子相关系数矩阵与AVE的平方根

因子	使用意愿	信任	兼容性	感知易用性	感知有用性	服务的内容	服务的效率
使用意愿	**0.963**						
信任	0.162	**0.943**					
兼容性	0.308	0.039	**0.962**				
感知易用性	0.178	−0.093	0.061	**0.947**			
感知有用性	0.284	0.080	0.200	−0.007	**0.944**		
服务的内容	0.255	0.185	−0.010	0.286	0.135	**0.967**	
服务的效率	0.004	0.135	0.053	0.089	0.242	−0.076	**0.985**

表 3-9 列出了交叉因素负荷量（Cross Loading），每个变量内各因素间具有较高的相关系数，而每个因素与其他变量间的荷载系数值相对较低，表明量表具有良好的区分效度。

表 3-9 交叉因素负荷量

测度项	BE	XR	JR	RY	YY	NR	XL
JR01	0.329	0.005	**0.975**	0.027	0.214	0.035	−0.021
JR02	0.291	0.169	**0.930**	0.130	0.138	−0.002	0.124
NR01	0.216	0.164	−0.070	0.314	0.121	**0.968**	−0.088
NR02	0.229	0.185	0.023	0.303	0.030	**0.961**	−0.058
NR03	0.285	0.173	0.028	0.177	0.211	**0.953**	−0.077
XL01	−0.011	0.141	0.040	0.085	0.226	−0.067	**0.989**
XL02	0.053	0.146	0.082	0.110	0.267	−0.077	**0.987**
RY01	0.212	−0.102	0.093	**0.943**	0.016	0.319	0.099
RY02	0.170	0.022	0.043	**0.924**	0.122	0.275	0.113
RY03	0.133	−0.148	0.039	**0.968**	−0.102	0.232	0.061
RY04	0.135	−0.143	0.040	**0.953**	−0.102	0.233	0.051
YY01	0.287	0.060	0.131	−0.043	**0.969**	0.076	0.237
YY02	0.200	0.019	0.270	−0.084	**0.888**	0.147	0.161
YY03	0.279	0.143	0.221	0.103	**0.959**	0.198	0.269
YY04	0.301	0.064	0.128	−0.028	**0.957**	0.073	0.238
XR01	0.155	**0.931**	0.104	−0.017	0.095	0.246	0.174
XR02	0.136	**0.951**	0.007	−0.162	0.098	0.096	0.140
XR03	0.147	**0.943**	−0.024	−0.108	0.050	0.201	0.079
XR04	0.173	**0.948**	0.026	−0.104	0.051	0.102	0.093
BE01	**0.962**	0.177	0.278	0.186	0.320	0.214	−0.001
BE02	**0.973**	0.193	0.331	0.146	0.254	0.275	−0.018

（二）模型假设检验

1. 模型检验结果

PLS 计算结果与模型假设检验如图 3-10 所示。从假设检验结果来看，感知易用性被解释方差为 31.9%，感知有用性被解释方差为 46.1%，信任被

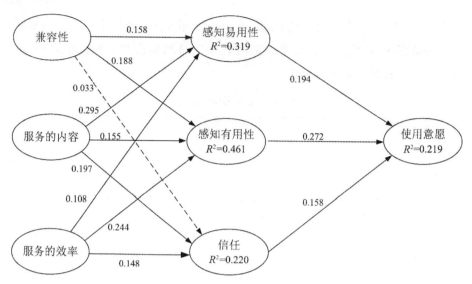

图 3-10 PLS 计算结果与模型假设检验

解释方差为 22.0%，使用意愿被解释方差为 21.9%。

2. 路径系数检验

从路径系数来看，针对在线旅游产品与服务的使用意愿，感知有用性影响最大、感知易用性次之、信任影响最低。通常情况下 P 值 <0.05 被认为是可接受错误的边界水平，在给定 P 值 <0.05 的条件下，兼容性对信任的作用不显著（P 值 $=0.333>0.05$，T 值 $=0.432<1.496$），其他关系均为显著。也就是说，除了假设 H_3 没有数据支持外，其他假设都得到了数据的支持（见表 3-10）。

表 3-10 PLS 路径系数及 T 检验结果

路径关系	原始样本	样本均值	标准误差	T 检验	P 值
兼容性→感知易用性	0.158	0.056	0.066	1.880	0.041
兼容性→感知有用性	0.188	0.195	0.078	2.409	0.008
兼容性→信任	0.033	0.034	0.076	0.432	**0.333**
服务的内容→感知易用性	0.295	0.298	0.047	6.314	0.000
服务的内容→感知有用性	0.155	0.150	0.054	2.883	0.002
服务的内容→信任	0.197	0.194	0.044	4.425	0.000
服务的效率→感知易用性	0.108	0.107	0.054	3.019	0.000
服务的效率→感知有用性	0.244	0.244	0.083	2.947	0.002

续表

路径关系	原始样本	样本均值	标准误差	T检验	P值
服务的效率→信任	0.148	0.149	0.044	3.339	0.000
兼容性→使用意愿	0.068	0.075	0.029	2.347	0.010
感知易用性→使用意愿	0.194	0.200	0.053	3.688	0.000
感知有用性→使用意愿	0.272	0.272	0.052	5.266	0.000
服务的内容→使用意愿	0.131	0.131	0.026	5.086	0.000
服务的效率→使用意愿	0.111	0.110	0.024	4.536	0.000
信任→使用意愿	0.158	0.160	0.080	**1.976**	0.024

3. 模型验证结果讨论

从实证研究的结果来看，研究结果与理论预期基本一致。

（1）在线旅游网站和旅游APP的交替使用行为与在线旅游产品的易用性和有用性用户感知之间存在显著关系。在线旅游网站和旅游APP在功能上各有特色，使用的场景不完全相同。随着智能手机、平板电脑等智能终端用户的快速增长，用户对基于移动端的在线旅游服务需求不断增加。因此，移动端已成为在线旅游服务商赢得用户、争夺市场份额的重要渠道，开发与在线旅游网站同步的移动旅游服务平台或软件是一项重要任务。

（2）服务的内容对用户感知在线旅游产品的易用性、有用性以及用户对在线旅游服务商信任的产生之间存在显著关系，路径回归系数分别为0.295、0.155、0.197。在线旅游信息平台提供的服务内容，既要能够让用户使用起来容易，又要能够对用户的购买决策以及后续消费提供有价值的帮助，这正是在线旅游存在的真正原因。然而，网络的虚拟性对用户信任的产生可能会有一定的负面影响。客观、真实、透明的在线旅游产品与服务信息能够提升用户的信任度，因此，在线旅游服务商需要通过多种方式（如详细的服务说明、图文并茂的展示、用户点评）来获得用户的信任。

（3）服务的效率对用户感知在线旅游产品的易用性、有用性以及用户对在线旅游服务商信任的产生之间存在显著关系，路径回归系数分别为0.108、0.244、0.148。在线旅游信息平台依靠其24小时不间断服务、高效的信息化处理手段等为用户提供即时服务，节约了用户的时间成本，同时还提高了用户的购买效用。与传统的旅行社服务相比，在线旅游服务更容易获得，这对于自由、快捷地开展旅游活动尤为重要。此外，服务效率也是工作能力和企业实力的体现，高效的服务能够提升用户的信任度。

（4）感知易用性、感知有用性与使用意愿之间的显著关系在很多研究中已得到实证，本研究同样也证实它们之间存在显著关系。网络覆盖率的提高以及个人电脑、手机等智能终端的广泛使用，使得在线旅游网站和旅游APP很容易获得，越来越多的人通过百度搜索引擎等访问在线旅游网站、通过手机应用市场等下载旅游APP。从统计数据来看，携程、去哪儿、艺龙、途牛等网站的日访问量，以及携程、同程、去哪儿等推出的APP的下载量均较高。

（5）信任与使用意愿之间存在显著关系。信任是市场行为中非常重要的隐性约束条件，只有当用户对在线旅游服务商提供的产品与服务建立起充分的信任，他们才会持续地使用。用户信任的建立来源于很多方面，既来源于企业品牌的影响力，也来源于对企业行为、产品内容及营销方式的主观评价。因此，在线旅游服务商需要通过实施品牌战略、规范服务流程和提高旅游服务水平来建立用户信任，从而占据更大的目标市场份额。

第四节 网络环境下旅游者的新消费主张与价值诉求

一、网络环境下旅游者的新消费主张

价值诉求即价值追求，是指追求什么样的价值。随着社会的进步和科技的发展，人们的生存价值观也在发生着改变。网络环境下人们的生活方式和消费行为都发生了很大改变，然而，对旅游业发展趋势影响最为深刻的并不是外在物质环境的变化，而是内在价值观的变化。旅游是人与人、人与自然、人与社会的交流过程，是价值观的调整和升华过程，旅游已成为人们的一种生活方式。朱运海、戴茂堂（2014）从生存价值论的角度揭示了旅游是一种合乎人性的善的生活，是人的一种更好的生存方式，是谋

求更好生存的人的本性的实现，旅游生存价值就是旅游活动对旅游者自我超越的生命意识的自觉。在现代社会，旅游是人性的重要组成部分，是对人的本性的实现①。

首先，从社会制度的变迁来看，逐渐从劳动中解放出来的人类享有越来越多的休闲权利，休闲时代人们更注重身体健康和生活小康。其次，从哲学的角度来看，求真务实、追求真理的哲学思想正在影响中国经济社会的发展，人们正试图逃离被物化和异化的现实世界，反思生命的意义，追求自由、追求自我、追求真实，促进人性的解放，因而工作与休闲的关系也被重新定义，旅游应该逐步回归一种合乎人性的生存的本质。最后，从旅游消费的价值主张来看，旅游是一种综合性的体验，当下旅游者更关心放松、探索、快乐、学习、亲情、健康等内在需要，大众旅游正在向品质旅游转型升级。旅游者越来越厌烦过度商业化、人造景观化的低层次旅游，而渐渐转向追求真实、个性化、富有意义的旅游体验，其旅游需求也逐步向更高层次的精神需求升级。

二、旅游者对在线旅游服务的价值诉求

现代人的价值观演进正在影响旅游业的发展趋势，旅游服务生产者应给予关注。前文从在线旅游服务商的视角审视了旅游者消费行为的变化趋势，探寻了影响旅游者在线旅游服务使用意愿的关键因素，从中我们可以大致总结出网络环境下旅游者的消费主张和价值诉求集中体现以下四个方面。

（一）舒适性好

舒适性好表现为旅游过程很轻松、愉悦。轻松意为轻软、松散，不感到有负担、不紧张。旅游应该是一种放松的享受，不应该成为"花钱买罪受"的代名词。旅游中的轻松体现为旅游者不再为购买旅游产品而发愁，比较容易实现旅游服务"买得到、买得起、买得好"的愿望，能够获取过程中的基本信息，在没有外在的精神负担和心理紧张的情景下完成旅游体验。

---

① 朱运海,戴茂堂.论旅游是合乎人性的生存——对旅游现象的哲学生存论诠释[J].旅游学刊,2014,29(11):104-114.

舒适性好的价值诉求要求在线旅游服务具有以下特征：

一是，在线旅游服务使用起来非常容易。在线旅游网站、旅游APP等渠道具有良好的用户界面，不同层次的用户都能够顺畅使用。

二是，在线旅游服务的购买推荐很智能。在线旅游服务商能够针对用户消费行为特征推送与之相适应的产品，旅游者能够更轻松地购买到自己想要的产品与服务。

三是，在线旅游服务的售后有保障。旅游者在购买旅游产品后，能够享受在线旅游服务商的全程跟踪服务，并且能够在旅游服务商的协助之下轻松解决旅行中遇到的问题。同时，在线旅游服务商不断提升品牌价值，从而给予旅游者更多的安全感、信任感。

（二）可选择性强

可选择性强表现为旅游时很自由。自由是一种免于恐惧、免于奴役、免于伤害，以及满足自身欲望、实现自我价值的一种舒适和谐的心理状态。自由是相对的，旅游过程中的自由主要是指通过技术的发展和管理的改进消除本不应该存在的外部束缚，让旅游者能够按照自己内心的真实想法开展旅游活动，追求异域文化旅游体验的本真性，释放内心的个性需求。信息技术支持下的智慧旅游会让旅游者的异地生活更加自由自在。

可选择性强的价值诉求要求在线旅游服务具有以下特征：

一是，在线旅游产品覆盖的范围广泛。在线旅游服务商能够集聚更多的线下旅游资源，提供更多可选择的线上旅游产品。

二是，在线旅游产品的组合十分灵活。旅游者可以根据个性化需求选择打包产品，从而实现支出成本的最小化。

三是，在线旅游服务的可替代方案多。旅游者消费行为的快速转换与改变，要求在线旅游服务商能够满足旅游者随时随地变更行程和活动内容的需求。

这些特征要求在线旅游供应链对上游资源具有很强的控制能力，供应链成员之间具有较高的信息共享水平，在线旅游服务商具有较好的供应链柔性。

（三）体验价值高

体验价值高表现为在线旅游服务很优质。优质就是质量优良，品质非常好。物美价廉永远是旅游者的理想追求，价格是当前旅游者较敏感的因素之一，与此同时，旅游者也在不断追求品质旅游。旅游中不再发生欺诈、宰客等损害旅游者利益的恶性事件是基本保障，此外，还要提供与旅游者支出成本相符的价值服务，让旅游产品与服务更接近旅游者的心理预期、更接近完美的服务标准，让旅游者能够从旅游中获得较为满意的精神享受。

体验价值高的价值诉求要求在线旅游服务具有以下特征：

一是，在线旅游产品的价格与旅游者的心理预期一致。在线旅游服务商能够提供准确、客观的旅游产品与服务的描述，引导旅游者认识旅游产品与服务的内在价值，让旅游者参与到旅游产品与服务的生产过程之中。

二是，增强在线旅游服务的体验性。在线旅游服务商可以通过信息共享、实时互动及体验形式的创新来提升旅游体验感，从而为顾客提供更多的增值服务。

（四）服务效率高

服务效率高表现为在线旅游服务很便捷。便捷，即方便而迅速。对于一场说走就走的旅行，在线旅游服务的便捷性很重要。一是旅游者要能够随时随地享受到服务，信息技术让在线旅游服务突破了时间和空间的限制，能够在旅游的全过程中为旅游者提供完整的解决问题的方案；二是服务要迅速，即对旅游者提出的服务需求的响应速度很快，能够及时解决旅游者遇到的各种问题。

服务效率高的价值诉求要求在线旅游服务具有以下特征：

一是，在线旅游服务商能够提供全天候的在线服务，并且响应速度快、服务流程简洁。

二是，在线旅游服务的销售渠道必须具有较好的兼容性，尤其是移动端对在线旅游供应链的支持。

三是，旅游供应链具有较好的协同效应，这要求在线旅游服务商能够为供应链成员的信息共享提供保障。

第四章　以OTA为核心的在线旅游供应链模型构建

本章围绕网络环境下旅游者和旅游服务企业的行为变化，对旅游供应链的构成要素、结构模式和驱动机制进行了辨析，提出了以在线旅游服务商为核心的新型旅游供应链理论模型，并对模型的运行机制进行了详细阐述。

第一节　新型旅游供应链构建的现实背景

一、网购与散客时代全面结合

（一）网购潮流席卷在线旅游

随着计算机和信息技术的不断发展，网络对社会的影响越来越大，它已成为人们生活中必不可少的一部分。虽然不恰当使用网络会给人们带来一定的负面影响，但是网络彻底改变了人们的社交圈子、工作方式和生活习惯，带来了巨大的商机。网络购物具有轻松、便捷、实惠等特点，在销售服装、玩具、图书、电子产品、家用电器等商品方面独具优势，已成为一种消费时尚走进了我们的生活，成为年轻人所喜爱的购物首选方式。相比 2014 年 4 月央视市场研究（CTR）关于网络购物行为的在线调查（见图 4-1），2019 年的数据显示网购品类正从标准化向多样化、个性化方向发展，网购品类的丰富性可以满足不同用户的个性化需求。一线城市的高收入人群在食品生鲜、珠宝首饰、汽车用品等品类的购买率较高，这些品类的商品渗透率与收入成正比；一线城市的低收入人群在网购品类方面的集中度很高，有68.9%的用户购买过服装、鞋帽、箱包类。

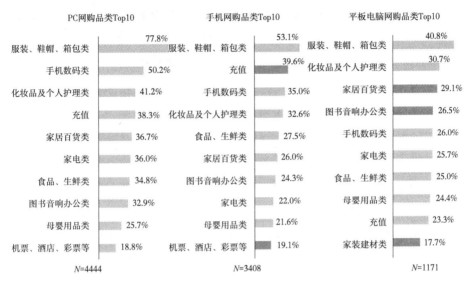

图4-1　中国网购用户使用不同终端的购物品类前十位分布①

网络购物消费呈现快速增长态势，发达国家及发展中国家都有受益。我国知名电商智库发布的《2019年全球电子商务数据报告》显示：2018年，全球28个主要国家及地区电子商务交易规模达247167.26亿美元，网络零售交易额总计29744.6亿美元。在电子商务交易规模上，排名前五的国家及地区分别为美国97760亿美元、中国47311亿美元、日本32400亿美元、德国16210亿美元、韩国14740亿美元。从网络零售交易额来看，亚洲地区7国（中国、印度、泰国、土耳其、日本、新加坡、韩国）总计16334.2亿美元，欧洲地区15国（法国、德国、俄罗斯、西班牙、意大利、瑞典、英国、荷兰、比利时、爱尔兰、卢森堡、丹麦、奥地利、乌克兰、瑞士）总计6981.6亿美元，美洲地区4国（美国、加拿大、墨西哥、巴西）总计6280.3亿美元，其中排名前五的国家及地区分别为中国13095亿美元、美国5200亿美元、英国2910亿美元、日本1790亿美元、德国1305亿美元，中国网络零售交易规模占28国总交易规模的44%②。

---

① 资料来源于央视市场研究在2014年4月进行的网络购物行为的在线调查。
② 数据来源于网经社电子商务研究中心发布的《2019年全球电子商务数据报告》。

近年来，由于我国庞大的人口总量和中产阶级的爆炸性增长，网络消费呈现迅猛增长态势。2015年，我国实物商品网上零售额为32424亿元，随后几年保持20%以上的增速；2019年，中国网民规模已超过9亿人，互联网普及率达64.5%，全国电子商务交易额达34.81万亿元，其中网上零售额10.63万亿元，同比增长16.5%，实物商品网上零售额为8.52万亿元，占社会消费品零售总额的比重上升到20.7%。随着网络购物的便利化和普及，文化和旅游商品的网购也成为新趋势[①]。

（二）大众旅游的井喷

随着经济社会的发展，我国居民富裕水平显著提高。统计资料显示：1978年，我国城镇和农村居民家庭恩格尔系数均大于50%，用于生活必需品的支出比重较大，整个国家相对较为贫穷[②]；2018年，全国城镇和农村居民人均可支配收入分别为39250.8元和14617元，居民家庭恩格尔系数都在30%左右，达到了比较富裕的水平，我国进入全面建成小康社会决胜期。从时间序列来看，我国恩格尔系数下降趋势明显（见表4-1），居民用于购买食物的支出逐步下降，用于文化、教育、旅游等方面的支出有所增加。

表4-1　全国1978年及2000—2018年居民可支配收入及恩格尔系数

年份	城镇居民家庭人均可支配收入/元	农村居民家庭人均可支配收入/元	城镇居民家庭恩格尔系数/（%）	农村居民家庭恩格尔系数/（%）
1978	343.4	133.6	57.5	67.7
2000	6280.0	2253.4	39.2	49.1
2001	6859.6	2366.4	37.9	47.7
2002	7702.8	2475.6	37.7	46.2
2003	8472.2	2622.2	37.1	45.6
2004	9421.6	2936.4	37.7	47.2

---

① 数据来源于商务部电子商务司发布的《中国电子商务报告2019》。
② 根据联合国粮农组织提出的标准，恩格尔系数在59%以上为贫困，50%—59%为温饱，40%—50%为小康，30%—40%为富裕，低于30%为最富裕。

续表

年份	城镇居民家庭人均可支配收入/元	农村居民家庭人均可支配收入/元	城镇居民家庭恩格尔系数/（％）	农村居民家庭恩格尔系数/（％）
2005	10493.0	3254.9	36.7	45.5
2006	11759.5	3587.0	35.8	43.0
2007	13785.8	4140.4	36.3	43.1
2008	15780.8	4760.6	37.9	43.7
2009	17174.7	5153.2	36.5	41.0
2010	19109.4	5919.0	35.7	41.1
2011	21809.8	6977.3	36.3	40.4
2012	24564.7	7916.6	36.2	39.3
2013	26955.1	8895.9	35.0	37.7
2014	29381.0	9892.0	30.0	33.6
2015	31790.3	10772.0	29.7	33.0
2016	33616.2	12363.4	29.3	32.2
2017	36396.2	13432.4	28.6	31.2
2018	39250.8	14617.0	27.7	30.1

注：数据来源于历年《中国统计年鉴》。

2018年我国城镇居民出游人数41.19亿人次，农村居民出游人数14.2亿人次，相比2008年均实现增长，出游需求整体呈上升态势（见图4-2）。旅游成为人们一种重要的生活方式和社会经济活动，旅游正步入"大众消费时代""休闲旅游时代"，个人休闲旅游消费市场需求呈现快速膨胀态势。在淘宝C2C电子商务的引领下，网络购物、支付与物流配送等日渐成熟，网络销售极大地促进了旅游产品销售。酒店、机票、门票、签证、保险等标准化程度高的旅游产品成为在线旅游服务商（第三方）的主销产品，推动了在线旅游的快速发展。

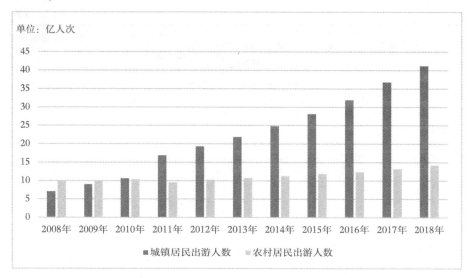

图4-2 2008—2018年我国城镇和农村居民出游人数变化趋势

（三）散客时代的到来

联合国世界旅游组织专家认为，当国民的家庭收入提高到一定程度，人们的旅游速度就会放慢，更倾向于自由、休闲、深度的旅游方式，于是自助游、背包游、自驾游等就会受到游客的青睐。自助游等占比迅速上升，越来越多的散客通过在线旅游网站预订旅游产品和服务。

旅游产品和服务的在线销售方式能够较好地满足游客对方便、快捷、直观、多样化的旅游产品和服务的购买需求，同时线上旅游消费的攻略、点评与信息分享还能带来额外的旅游体验，为追求"自由自在"的旅游爱好者提供了有力保障。在线旅游网站具有内容丰富、查询方便、支付快捷、节省时间等特点，符合网络化生存的"80后""90后"对自由行的诉求及其消费习惯。因此，随着OTA将业务进一步拓展到休闲旅游市场，在线旅游产品由原来的预订机票、酒店等逐步扩充至租车、订餐、门票等多种类型，由简单的自由行产品逐步升级为高端复杂的个性化定制产品，越来越多的旅游者通过网络来购买旅游产品。

二、信息化助推旅游业新发展

信息已成为当前社会的一种重要生产力，一场信息化的浪潮正席卷全球。从20世纪四五十年代开始，信息技术的快速发展与广泛应用对人类的社会和经济产生了根本性的改变。旅游业也不例外，信息技术在旅游业中的应用由来已久，如诞生于20世纪的电脑预订系统（Computer Reservation System，CRS）、全球分销系统（Global Distribution System，GDS）、旅游目的地信息系统（Destination Information System，DMS）等。闫德利（2013）将我国旅游信息化划分为四个阶段，即萌芽期（1978—1992年）、起步期（1992—2001年）、成长期（2001—2009年）和扩张期（2009年至今），如图4-3所示[①]。旅游业内基于新技术的各种创新模式不断涌现，旅游信息化呈现出工具化、网络化、移动化、协同化、社会化和智慧化等特征。

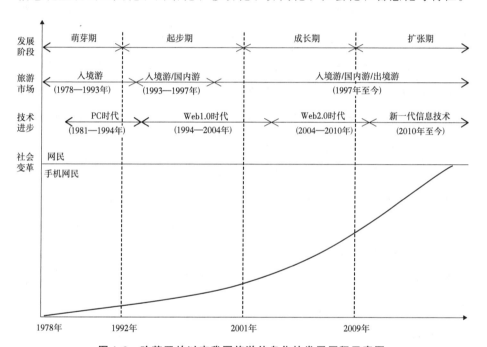

图4-3　改革开放以来我国旅游信息化的发展历程示意图

旅游信息化是数字旅游的基础阶段，即通过信息技术来改变传统的旅游生产、分配和消费机制，充分利用电子技术、信息技术、数据库技术和网络技术，收集、整理、利用各类旅游信息资源，使之成为旅游业发展的生产力，成为推动旅游产业发展和提高旅游业管理水平的重要手段。旅游信息化是大势所趋，已引起政府和业界的高度重视。

在国际上，国际信息技术与旅游联合会（International Federation for In-

[①] 闫德利, 张健. 我国旅游信息化的发展历程与动力机制[J]. 旅游纵览（下半月）, 2013(8):16-19.

formation Technologies in Travel and Tourism，IFITT）作为一个独特的世界性论坛，每年都组织召开全球性的"研讨信息和通信技术在旅游行业中应用与影响"大会，为学术界、企业界、政府和其他组织提供交流分享和挑战当今旅游信息技术方面最新研究成果和业界案例的最佳机会。我国从2001年开始实施"金旅工程"，从2006年开始每年组织召开"全国旅游信息化工作座谈会"，始终紧抓、稳步推进旅游信息化工作。2015年初，国家旅游局在前期全国推行智慧旅游城市、智慧旅游企业和智慧旅游景区试点探索的基础上，正式下发了《关于促进智慧旅游发展的指导意见》（以下简称《指导意见》）。《指导意见》认为智慧旅游将全面提升旅游业发展水平和促进旅游业转型升级，提出全面推进旅游信息基础数据平台、游客信息服务体系、智慧旅游营销体系、智慧旅游管理体系等建设，2016年国家智慧旅游公共服务网络和平台建成，2020年形成系统化的智慧旅游价值链网络[①]。通过信息化建设，我国旅游业将进入一个全新的发展阶段。

以海量数据信息的收集、加工、处理和存储为基础的现代信息技术，正在改变着旅游业中的信息交互与流通方式，解决旅游市场中的信息不对称问题，使得人们出行更加方便、智能；以移动互联网技术为支撑的现代通信技术，使得移动旅游终端如鱼得水，移动在线旅游业务正快速增长。也就是说，以大数据、云计算和移动通信为代表的信息技术的广泛应用，从根本上改变了旅游的组织方式，信息技术将实现旅游出行与管理的数字化、虚拟化和智慧化，让旅游者和市场主体逐渐摆脱对权威（不管是行政权威、商业权威还是专业权威）的依赖。

三、在线旅游冲击着传统产业

在线旅游已经从最开始的携程、艺龙预订酒店客房，到淘宝销售旅游产品，再到现在的多家在线旅游服务商分销景区门票，传统旅游市场已被颠覆得"面目全非"。信息技术对旅游业的影响主要表现在行业、企业、旅

[①]资料来源于2015年1月10日国家旅游局印发的《关于促进智慧旅游发展的指导意见》。

游者三个层面：在行业层面，信息技术能够加强企业间的纵向和横向联系，实现政府对行业的实时监控和应急响应；在企业层面，信息技术能够提高企业的管理效率，制定有针对性的营销策略，促使其向集团化、网络化和全球化方向发展；在旅游者层面，信息技术能够辅助旅游者决策，为旅游者实现全程更顺畅、更轻松的旅游消费，增强其旅游体验，如手机电子门票、旅游分享APP等。

旅游者能够较及时、准确、方便地在线获取旅游产品与服务的相关信息，以往的消费经验、快捷的网上订购、日渐发达的交通和通信服务，以及逐步完善的旅游公共服务设施等，使得传统旅行社的中介信息服务、旅游产品代理等职能都被弱化，旅游者对旅行社的依赖度正在降低。携程联合中国旅游研究院共同发布的《中国自由行发展报告（2012—2013）》显示：2012年，出境旅游游客中超过70%、国内旅游游客中超过90%的客源并不是由旅行社来服务的；国内旅游市场游客数量接近30亿人次，跟随旅游团的比例不足5%，个人自由行市场发展空间巨大。散客自由行消费集中体现为批量小、批次多、要求多、变化多、预订期短等特征。相比以"门店模式"为特征的传统旅游，在线旅游有着太多的竞争优势。从中国国旅、中青旅、港中旅三大企业的财报来看，传统旅游服务虽仍占据较大业务比重，但毛利率已经不足10%，且业务比重也在逐年下降。

此外，游客需求的个性化、时效性、多样化使得传统的包价旅游服务模式受到挑战，酒店、景区、租车、娱乐等线下旅游服务"上线"已成为趋势，扩充了"泛旅游"的产品与服务内涵，推动着旅游产业的转型升级。传统旅游企业与旅游相关的其他企业的信息化和信息网络的互联互通势在必行，开展多渠道的营销管理和收益管理成为旅游企业管理的重点。戴斌认为智慧旅游是产业组织和管理方式的革命，此观点从深层次揭示了智慧旅游的本质是利用信息技术促进旅游产业融合发展，而不是简单的技术或者业务问题。

第二节 网络环境下旅游供应链核心问题辨析

一、旅游供应链的构成要素

从狭义的角度来看,旅游供应链可以简单理解为只包括旅游服务或产品的直接供应商,是一种由生产商、代理商、零售商和最终用户组成的网链结构,不包括间接供应商和公共部门[1],这样看似更容易解释旅游业的宏观运行规律。但从广义的角度来看,旅游者需求涉及社会的多个部门,这些社会部门之间又存在着广泛的联系,供应商是指所有为旅游者提供商品和服务的部门,包括餐饮、住宿、旅游交通、吸引物、纪念品、公用基础设施等,以及为这些中间产品提供服务的供应商。旅游供应链是将旅游产品和服务传递给旅游者的所有供应者的集合[2],因此,它是一个关系主体非常庞大的网络。

从旅游供应链的构成要素来看,在现代信息网络环境下,旅游供应链完全可以扩展到提供商业服务和公共服务的所有组成要素,构建将旅游产品和服务传递给旅游者的所有供应者的集合。网络环境下,我们需要高度关注以下两类要素在旅游供应链中的作用:

一是,对旅游者角色的深刻认识。旅游者不再是被动的服务接受者,而是价值创造的合作生产者,甚至有人将其上升为供应链运作的主导者。从服务本身来看,旅游者是服务需求的初始提出者和最终消费者,参与了整个服务生产过程。在网络环境下,旅游者的作用更是被凸显出来,基于用户内容生成技术,将旅游者思想的引导作用延伸到潜在消费市场,实现了旅游者主导作用从单向的内部服务过程向整个旅游供应链的蔓延,微博、

---

[1] 伍春,唐爱君.旅游供应链模式及其可靠性评价指标体系构建[J].江西财经大学学报,2007(5):107-109.

[2] Zhang X Y, Song H Y, Huang G Q. Tourism supply chain management: a new research agenda [J]. Tourism Management, 2009, 30 (3): 345-358.

微信、社交网络、在线点评和虚拟旅游社区等社会化媒体在其中发挥了重要作用。

二是，网络环境下旅游供应链外部环境要素的全面认识。一批新的旅游供应链外围主体逐步纳入节点网络，如网络与通信运营服务商、在线旅游支付结算金融部门、目的地提供旅游公共服务的部门（天气、交通、医疗等部门）、社会第三方专业服务机构（保险、急救等机构）。

二、旅游供应链的结构模式

旅游供应链是否具有稳定的结构模式？网络结构是按照产品或服务的供应方向、供应商与旅游者之间的关系所形成的虚拟网络拓扑结构。纵观近代旅游业的发展历程，传统旅游供应链的网络结构可以看作由旅游供应商、旅游批发商、旅游代理商和旅游者等主体构成。产品分销视角下的包价旅游供应链结构模式如图4-4所示。

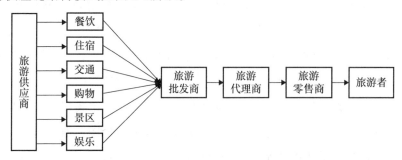

图4-4　产品分销视角下的包价旅游供应链结构模式

然而，在线旅游服务商兼具旅游运营商和中间代理商的双重功能，这使得旅游者可以轻松地购买任意时间和地点的旅游产品，也可以通过供应商的电子商务网站直接购买旅游产品，从而产生了供应链主体的集成（升级）和越级行为。也就是说，同一供应商与同一旅游者之间的链接关系可以有多种并存（见图4-5），旅游者可以遵循市场规律进行优选。因此，信息技术改变了旅游供应链主体间的委托代理关系，旅游者在旅游供应链中的权力和地位逐步提高。吕兴洋、徐虹、杨永梅（2011）也详细论述了在互联网快速兴起和旅游市场竞争加剧的情境下，旅游者的五种权力正在逐步增强，即合法权(Legitimate Power)、奖惩权(Sanction Power)、信息权(

Information Power)、被赋权(Given Power)、专家权(Expert Power)[①]。从旅游者增权来看，在旅游供应链中，权力从生产者向消费者转移的过程呈对角线状。

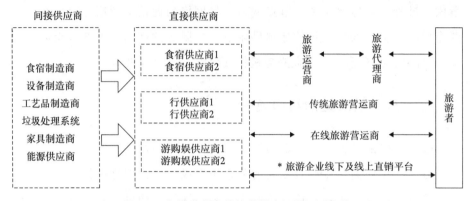

图4-5 多渠道并存的旅游供应链"链式"结构

旅游供应链的结构认知是基础，它决定了对其进行管理、协调、优化的内容和方向。目前，学者们提出了不同类型的旅游供应链模型。例如：李万立等（2007）提出了以旅行社为核心的旅游供应链模型，黄丹霞等（2009）提出了以旅行社为核心的绿色旅游供应链模型，徐虹（2009）提出了旅游目的地供应链概念模型，王细芳、陶婷芳（2012）提出了以游客为核心的柔性旅游供应链模型[②]，郑四渭、方芳（2014）提出了虚拟集群式旅游供应链模型[③]等。其他一些学者还研究了以主题公园、航空公司、豪华邮轮、旅行社、旅游电商平台为核心的旅游供应链结构及其运作效率。总之，现代信息技术在旅游业中的应用对传统旅游供应链造成了极大冲击，在线旅游供应链已成为独立于传统旅游供应链的一种新事物，其正对旅游业的发展产生着深远影响。

三、旅游供应链的驱动机制

旅游供应链运作的驱动力来自哪里？马士华等指出供应链运行的动力

[①] 吕兴洋,徐虹,杨永梅.供应链视角下旅游者权力研究[J].旅游学刊,2011,26(11):34-38.
[②] 王细芳,陶婷芳.面向散客时代的柔性旅游供应链模型研究[J].生态经济,2012(9):42-48.
[③] 郑四渭,方芳.虚拟集群式旅游供应链模型构建研究[J].旅游学刊,2014,29(2):46-54.

源是用户需求和利润需求,那么,旅游服务供应商是在为游客创造客户价值过程中获得收益。有些学者认为旅游供应链重构的主要目的是通过最优的资源配置,使供应链能发挥最大效用、实现最大增值。事实上,互联网及电子商务正在削弱传统旅行社在旅游供应链中的核心地位,越来越多的散客直接通过第三方预订网络自主规划行程,旅游运营商从关注内部运营逐步转向关注游客需求,并进一步延伸到与游客的有效互动、定制个性化产品、提升游客体验价值等方面。旅游供应链绩效评价更多地取决于游客的主观感受。

那么,顾客需求和企业利润就是旅游供应链运作的驱动因素吗?Zhang、Song和Huang(2009)提出旅游供应链驱动因素为游客满意度、旅游可持续发展、货币价值、需求不确定性和降低库存等[1]。实际上,旅游活动对公共服务、生态环境的高度依赖性决定了旅游供应链绩效评价的目标导向多元化,旅游供应链的价值还在于旅游目的地资源的保护及其旅游业的可持续发展。郭海玲、严建援、张丽等(2011)从经济、社会和市场等维度综合考虑提出了经济价值、环境价值和客户价值的驱动因素[2];郭强、董骏峰(2012)也提出为了促进旅游资源保护,应从使用契约协调的方式实现旅游供应链的帕累托优化,使用信息技术等手段实现旅游供应链的精益化生产[3]。

第三节　以OTA为核心的在线旅游供应链重构思路

一、供应链思想的导入

在多种供应链并存的旅游市场环境中,消费者需求的多样化导致服务

---

[1] Zhang X Y, Song H Y, Huang G Q. Tourism supply chain management: a new research agenda [J]. Tourism Management, 2009, 30 (3): 345-358.

[2] 郭海玲,严建援,张丽,等. 旅游服务供应链形成动因及其模式演进[J]. 物流技术, 2011, 30(12): 169-173.

[3] 郭强,董骏峰. 旅游供应链中资源保护型景区门票定价模型[J]. 预测, 2012, 31(1): 65-69.

供应体系也不一样。例如：高端消费者希望能得到更完备的出行方案、更多的关爱性服务，强调服务质量和旅游体验，对价格不是很敏感，更愿意接受人工服务；一些年轻消费者具备丰富的购物和出游经历，更喜爱自己去搜索信息、制订旅游计划，强调自由、随意、个性化和性价比。因此，依托门市的传统旅游运营商和依托网络的在线旅游运营商构建了各自的供应链体系，形成了完全不同的商业模式和运行方式。

现代供应链概念进一步扩展了组织边界，将企业内部管理流程延伸到包括顾客和供应商在内的系统性流程。引入供应链管理思想是为了能够提高旅游服务需求与供给系统的运作效率，从业务流程方面来优化企业生产组织模式，提高产品质量和附加价值，改善供应链主体间的分工与协作关系，从而达到节约成本和创造出更多顾客让渡价值的目的，让顾客满意。本书试图从在线旅游服务商的视角出发，构建以网络（平台）为载体的新型供应链体系，将旅游活动所涉及的服务与产品要素（包括有形商品和无形服务）更好地集合在一起，研究在线旅游信息交互和服务传递的内在规律，改善合作生产关系，建立协调优化机制，提高旅游服务质量，最终满足游客需要和提升游客满意度。

二、核心企业的确立

从已有的研究文献来看，旅游供应链核心企业不是固定的，核心企业的选择取决于其对上下游资源的掌控能力，学者们认为旅游供应体系中的任何企业都有可能成长为核心企业。张晓明、张辉、毛接炳（2010）对旅游服务供应链中核心企业演变趋势进行了分析，传统旅游供应链中旅行社的影响力、吸引力和融合力有待加强，而旅游电子商务网站将成为旅游服务供应链的管理者[1]。林红梅（2012）对服务供应链核心企业的选择建立评价指标体系，包括服务价格、服务质量、服务能力、服务柔性和协同合作能力五个方面，并采用适应过滤法对四家著名旅行社进行了量化分析[2]。

核心企业通常位于供应链中最关键的环节，在信息交换、资金结算、

---

[1] 张晓明,张辉,毛接炳.旅游服务供应链中核心企业演变趋势的探讨[J].中国商贸,2010(8):165-166.

[2] 林红梅.服务供应链中旅游服务集成商的选择及量化分析[J].企业经济,2012,31(7):98-101.

技术创新、统筹规划等方面发挥着不可替代的作用,具有一定的融合力和吸引力。Daugherty、Li和Biocca(2005)认为在线旅游服务商提供的旅游目的地信息展示和间接的服务体验远远超越了传统旅行社[①]。当前,在线旅游服务商依靠新一代信息技术实现了对消费者需求的跟踪、对下游供应商资源的整合、对旅游行程的统筹安排,尤其是对旅游供应链中的信息拥有聚合、共享、处理、传播等能力,未来还将进一步强化对线上线下资源的控制权,为游客提供全方位的旅游信息服务,完全符合在线旅游服务供应链核心企业的要求。

三、网络节点的关系

李佳(2007)、卢伟红(2010),以及郭海玲、严建援、张丽等(2011)都提出了以网络供货商为核心的供应链结构模式。旅游供应链网络的构成要素复杂多元,最简单的链接关系表现为旅游服务供应商对游客的直销,然而这仅局限在某一种旅游产品或服务的销售之中,不能满足游客的多样化需求。通常,在线旅游服务商的周边还伴生了许多提供间接服务的企业,如旅游社区、目的地政府、非营利组织等,它们与在线旅游服务商形成了各有差异的紧密型、半紧密型乃至松散型合作关系,这些关系都可以通过在线旅游平台形成。

以在线旅游服务商(第三方)为核心的旅游供应链主体会形成以下五种链接关系:一是旅游者与核心企业(在线旅游服务商)之间的买卖关系,在线旅游服务商能够提供预订或担保等服务。二是旅游供应商之间的合作关系,这主要是因委托代理而缔结形成的契约关系,有别于单纯的商业买卖活动,供应链视角下二者之间应是一种共同获取收益和承担风险的合作关系。三是旅游供应商与旅游者之间的主客关系,二者在旅游活动中分别扮演着"主人"和"客人"角色。四是在线旅游服务商和目的地政府、旅游社区、非营利组织等利益相关者之间的互助关系,在线旅游服务商可以

[①] Daugherty T, Li H R, Biocca F. Experiential e-commerce: a summary of research investigating the impact of virtual experience on consumer learning[M]// Haugtvedt C P, Machleit K A, Yalch R, et al. Online consumer psychology: understanding and influencing consumer behavior in the virtual world. New York: Psychology Press, 2005: 457-489.

与利益相关者合作开展目的地营销等项目，它们之间更多是一种包容性的互助发展关系。五是游客与目的地公共服务供给部门之间的保障关系，如通信、医疗、公共交通等部门，这是旅游者购买产品和服务后应能享受的基本社会保障权。

第四节 以 OTA 为核心的在线旅游供应链理论模型

一、构建原则

（一）力争整体最优

按照产品供应链整体最优的解释，就是将顾客所需的正确的产品，能够在正确的时间，按照正确的数量、质量和状态送到正确的地点，并使这一过程所耗费的总成本最小。追求整体最优能够减少供应链中不必要的资源浪费，实现成本最小化、效益最大化，它是构建旅游供应链"生态圈"的基础，也是保持其市场优势和竞争能力的根本。在游客需求多元化、产品构成多样化、旅游活动异地化的情况下，简化不必要的流程和环节，为游客提供服务的所有供应商必须围绕旅游活动（行程）形成一个协调、高效的供给网络，个体最优往往会导致利益冲突，只有整体最优才能满足游客复杂多变的消费需求。

（二）突出信息交互

供应链上的供需信息、管理信息的传播与交互共同构成了信息的流动。信息的流动是一种虚拟形态，但它是供应链的重要组成部分。及时传递需求、提供准确的管理信息，使供应链成员都能得到实时信息，以形成统一的计划并执行，才能最终为顾客提供更好的服务。旅游作为一种服务商品，需要增进游客与中间商、供应商的信息沟通。在线旅游打破了传统旅游的时空束缚，能够更及时、更方便、更准确地传递旅游信息，使游客自助出行成为可能，供应链主体间的实时信息交互极大地增强了旅游消费体验感。

（三）注重游客参与

旅游供应链更关注游客参与，自助游客在提出旅游需求、制定旅游行程等方面投入了大量的时间和精力，游客也是供应链上的合作生产者之一。郑四渭、方芳（2014）认为游客在信息获取、信息流动、信息外溢方面的重要贡献使得其在旅游供应链中的地位不断上升。特别是，游客在旅游中（后）的信息分享对旅游产品与服务的供需产生了巨大影响，游客亲身体验后的评价更具可信性。在线媒体中的点评和攻略等成为新一轮消费的起点，UGC（User-generated Content）和PGC（Professionally-generated Content）成为在线旅游供应链中多主体（游客—企业、企业—企业、游客—游客）信息交互的中心。

二、构成主体

（一）在线旅游终端用户

在线旅游终端用户既是旅游需求的发起者，也是旅游服务的接受者。旅游供应链从用户需求开始，并止于用户评价。这些用户具备一定的网络使用能力，并能够对旅游信息进行识别、判断和处理，以自助方式完成旅游消费。

（二）在线旅游服务商

在线旅游服务商（第三方）主要是为在线旅游消费者提供"作用于顾客思想、顾客所有物、顾客信息和顾客身体的服务"，包括了产品集成与展示、消费支付、旅游信息整理与传播等。它利用信息技术上的核心优势，能与消费者保持互动、开展集成服务，并且在供应和管理服务方面具有良好的组织能力。从全球在线旅游的发展来看，旅游供应链上的网络营销平台和在线媒体对旅游产业服务创新与产值提升起到了明显的促进作用。

（三）上游服务供应商

上游服务供应商为在线旅游服务商提供旅游产品和服务的供应保障，根据游客行程安排为其提供各自所拥有的产品与服务。它们是直接面对在线旅游者的线下企业，其服务水平决定了旅游产品的质量。

（四）其他辅助性企业

其他辅助性企业是指提供间接服务的非主要企业，以及政府、社区、公众媒体、非营利组织等利益相关者，它们可能为旅游者完成消费活动提供支持性服务。由于此类要素主体具有广泛性和不确定性，它们不一定都会与在线旅游服务商产生链接关系。

基于上述分析，本书提出了以在线旅游服务商为核心的旅游供应链理论模型，如图4-6所示。

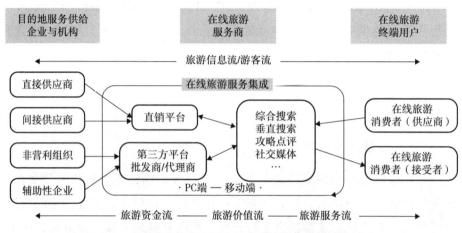

图4-6 以在线旅游服务商为核心的旅游供应链理论模型

三、运作方式

由于商品属性、生产周期和市场环境的不同，产品供应链主要有两种不同的运作方式：一种为推动式，另一种为牵引式。

推动式供应链以制造商为核心，产品生产出来后通过分销商、代理商、零售商等逐级推向最终用户，中间商在供应链中处于被动接受的地位，各个企业之间的集成度较低，通常采取提高安全库存量的办法应对需求变动。因此，整个供应链上的库存量较高，对需求变动的响应能力较差。

牵引式供应链的驱动力产生于最终用户，整个供应链的集成度较高，信息交换迅速，可以根据用户的需求实现定制化服务，供应链系统库存量较低。牵引式供应链虽然整体绩效表现出色，但对供应链上企业的要求较高，对供应链运作的技术基础要求也较高。因此，供应链管理战略内容之一就是根据自己的实际情况选择适合的运作方式。

从运作方式来看,旅游供应链运作应该采取"推动式"和"牵引式"并举的策略。以传统旅行社为核心的旅游供应链在网络不发达的旅游市场发展初期具有很强的生命力,它主要以集聚不太丰富的旅游"六要素"产品和进行旅游活动的组织与接待为主要任务,并以面对面的人员销售方式来获得不太知情的旅游者的信任,从而达到对供应链需求和供给两端的控制,这在当时的情境下是非常成功的。然而,随着网络和信息技术的快速发展,以在线旅游服务商为核心的旅游供应链改变了旅游的经营组织方式,二者相比具有以下差异(见表4-2)。

表4-2 不同发展阶段和市场环境下的两种旅游供应链的差异对比

对比因素	以传统旅行社为核心的供应链	以在线旅游服务商为核心的供应链
市场定位	包价旅游者	自助旅游者
销售方式	门店销售	网络订购
主要功能	旅游"六要素"产品聚集、旅游活动的组织与接待	旅游产品与服务的信息传递、辅助交易与监督
竞争导向	整合业务流程、提高运作效率	在线预订和个性化服务
驱动因素	利润最大化	快乐最大化
链接方式	人际关系网	互联网、移动网络
公开程度	不太透明	开放、可比价
可选择性	少	多
信息交互	程度低	程度高
游客参与	企业主导	旅游者主动
合作关系	变动性小	变动性大

上述旅游供应链理论模型将旅游者需求作为其运作的起点。旅游服务是一种以某些服务设施为载体的无形服务产品,它不能储存,也就不存在库存问题,主要取决于旅游者的消费行为和供应链信息的传递,具有完全

反应型供应链特征。以在线旅游服务商为核心的旅游供应链是一种基于信息网络的供应链虚拟形态,需要在线旅游服务商能够以最快的速度完成信息查询、预订、支付和评价等,即能够实现快速生产和具有较好的柔性,能够满足消费者差异化、定制化、动态化的需求。因此,网络环境中的旅游供应链应该采用也只能采用"牵引式"运作模式,形成以游客为中心的生产组织环境,与游客合作创造更高的顾客价值,才能实现供应链体系和旅游产业的可持续发展。

四、内部机制

旅游活动以知识产品和无形服务为消费主体,以旅游者的空间流动代替了传统的商品物流,供应链中发生着显性资源和隐性资源的流动。以在线旅游服务商为核心的旅游供应链管理主要是通过对信息流、资金流、服务流等显性资源流的控制,以过程和环境为载体来实现旅游产品与服务的价值传递,完成物质层面的实体价值和精神层面的服务价值转移,并以此在客源地和目的地之间形成旅游客流。

(一)信息流

信息流产品供应链中的信息流是物流过程的流动影像,信息流的形成依赖于信息的采集、传递和加工处理。而在网络环境下的旅游供应链网络中,信息流并不是单向传播,而是在网络上形成多向传播和共享,信息的流动更加复杂。信息流主要表现为通信终端间的网络传输。围绕在线旅游者做出的搜索、咨询、预订、点评、分享等动作,在旅游前、旅游中和旅游后三个阶段中形成了供应链主体间的信息交互与传播。

信息的有效流动关系着供应链企业的决策与运营,如需求信息、生产信息、配送信息、供应商信息等。信息的充分共享是消除供需信息不对称、需求不确定性的有效方法,能够提升供应链中各节点企业的透明度,还能引导潜在旅游者的需求和决策。

以在线旅游服务商为核心的旅游供应链信息网络如图4-7所示。

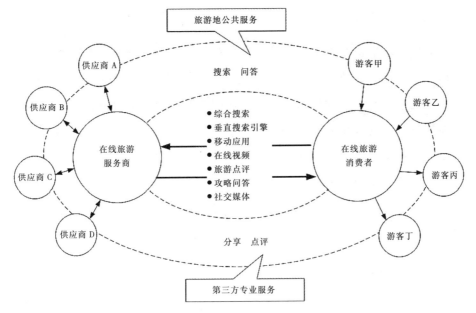

图 4-7　以在线旅游服务商为核心的旅游供应链信息网络

（二）资金流

资金流是指在营销渠道成员间随着商品实物及其所有权的转移而发生的资金往来流程，旅游供应链的资金流是指旅游者为购买旅游产品与服务所支付的资金在供应链体系中逐层转移的过程。

从支付方式来看，旅游者可以进行在线支付，也可以在旅游消费实体店进行现场支付，但越来越多的旅游者选择有担保的在线支付或信用卡支付，使在线旅游服务商能够放心地为游客订购旅途中的产品和服务。从某种程度来看，在线支付提高了资金的使用效率，相应地增加了服务的附加价值，有利于提高旅游供应链的运作效率。

从资金转移情况来看，在线旅游服务商按照商业合同提取佣金，将剩余的资金支付给提供旅游产品与服务的间接供应商。专业的第三方支付平台（如支付宝、银联网银支付等）为资金的安全提供了技术支持，同时也保障了旅游者的消费权益，增强了购物的信心。同时，部分在线旅游服务商正在逐步推广在线旅游金融服务（如分期付款等），因此吸引了一些金融机构参与到旅游供应链之中，这为保证充足、稳定的现金流奠定了基础。

(三）服务流

服务流是指企业为了提升顾客的满意程度，所进行的服务系统设计与活动。服务不是客观存在的，服务流其实并不具有空间维度的真实意义，也不可能形成空间上的流动，只是企业围绕着旅游者消费过程提供服务的一种抽象。它具有无形性（Intangibility）、不可分割性（Inseparability）、变动性（Variability）和易逝性（Perishability）。旅游供应链中的服务流泛指所有提供服务的企业（机构）对于其所提供的服务活动的规划、设计与执行的过程。这些服务将旅游行程有机地串联在一起，并按照旅游者实际消费的先后顺序依次发生，随着旅游者消费的结束而消失。

（四）价值流

价值流是指从原材料转变为成品并赋予其价值的全部活动，周玲强、陈志华（2003）认为传统旅游供应链的价值创造来源于四个部分，即旅游者、旅行社、旅游交通和旅游目的地，价值链的增值伴随着旅游者的流动，而价值则隐藏于旅游服务之中[①]。实际上，一个完整的价值流包括增值和非增值活动，而旅游供应链的价值流是指上游供应商、在线旅游服务商等在提供旅游产品与服务的过程中所发生的价值增值活动，即旅游产品与服务从供应商逐层流向最终消费者，消费者在享受旅游体验的同时实现了服务商品价值的最终货币化转换。

价值流的起点源于价值创造，价值流的流量取决于旅游消费者为此所支付货币的多少，也就是理论上讲的顾客价值。Woodruff认为顾客价值（Customer Value）是顾客对特定使用情景下有助于（有碍于）实现自己目标和目的的产品属性的实效以及使用结果的感知偏好与评价。旅游服务是一种体验性极强的商品，只有超出游客期望才能使其满意。因此，旅游服务商所创造和转移的价值是由旅游者所决定的，旅游服务商必须紧紧围绕旅游者的偏好和实际需求多提供具有针对性、个性化和创新化的服务，比如在线旅游服务商所提供的创新化信息服务就深受旅游者欢迎。

---

①周玲强,陈志华.旅游网站对旅游业价值链的再造[J].商业研究, 2003(19):129-133.

(五) 游客流

游客流是指旅游者因为开展旅游活动在空间上的位移所形成的一种模拟状态，可以从旅游者的规模及其行走的方向等来判断旅游客流的流量和流向。从地理空间的角度来看，旅游者通过网络订购旅游目的地的产品与服务（如酒店、餐饮、门票等），以及往返于客源地和目的地之间的公共交通（如火车票、飞机票等），能够非常轻松地实现异地旅行的梦想。因此，以在线旅游服务商为核心的旅游供应链催生了往返于客源地和目的地的游客流动。

这些散客状态的旅游者越来越多地使用公共交通，与普通大众出行呈现重叠态势，这在长距离的位移过程中很难分辨出来，而在旅游景区周边则较为明显。通过现代化的跟踪与识别等信息技术建立客流的监测与预警机制，在线旅游服务商能够有效地引导客流，实时共享客流信息，从而实现对旅游供应链供需状态的调节。

第五节 以OTA为核心的在线旅游供应链运作保障

供应链管理是一种体现着整合与协调思想的管理模式，它要求组成供应链系统的成员企业协同运作，共同应对外部市场复杂多变的形势。供应链成功运作的三个重要条件分别是长期稳定的合作关系、公平合理的价格和业务量的协调匹配[1]。在线旅游供应链运作的关键在于发挥核心企业（在线旅游服务商）的中心作用，通过不断强化其内部的管理创新，增强与旅游者的互动和营销，优化与上游供应商的关系，与供应链外部环境因素建立良好的公共关系。

---

[1] Tapper R. Tourism and socio-economic development: UK tour operators' business approaches in the context of the new international agenda[J]. The International Journal of Tourism Research, 2001, 3(5): 351-366.

一、资源整合

资源包括的内容非常广泛，这里的旅游供应链资源整合主要针对的是上游旅游供应商资源。线上产品与服务都是面向国内甚至全球的旅游市场，要求能够覆盖所有的旅游目的地和客源市场，涵盖了机票、住宿、餐饮、交通等各个环节，并且这些旅游活动所需的资源品类仍在不断细分（如住宿业中的民宿、客栈、短租公寓等）、丰富（如旅游目的地非标准化的活动、服务和产品）。因此，充足、丰富的跨地域供应商资源是满足巨大散客市场需求的基础，它们是在线旅游服务商争夺的首要资源。

目前，线下资源的采购优势依然集中在线下旅行社、传统B2B批发商手中，在线旅游服务商对线下资源的把控严重不足，采购、议价能力有所欠缺，难以获得低价资源。对在线旅游服务商而言，资源整合包括两个方面：一是，对优质资源的低价积累和掌控，可以通过市场开拓或者资本收购的方式获得；二是，对资源的集成创新和综合利用，需要对所采购的服务进行重新设计和二次开发。

二、技术支撑

信息化是在线旅游供应链运作的基础，包括了游客信息网络的使用条件、公共信息及旅游信息基础设施的水平，以及在线旅游服务商的信息技术应用等。

预订信息系统是在线旅游服务商的关键技术和核心竞争力所在。比如携程建立了一整套现代化服务系统（包括海外酒店预订平台、国际机票预订平台、客户管理系统、房量管理系统、呼叫排队系统、订单处理系统、机票预订系统、服务质量监控系统等），并且在手机客户端、网络、电话等渠道提供"7×24小时"的服务，完成一次预订平均只需150秒，用户最快可预订1小时以后起飞的航班。

又比如去哪儿则自主研发了在线交易平台——TTS系统，它是为航空公司、酒店、代理商开发的在线旅游产品销售系统解决方案。用户预订产品行为在去哪儿平台上完成，去哪儿再将生成的订单传给代理商，其优势在于用户体验统一、交易安全、有保障。用户不用反复输入信息和学习各个网站的展示规则,可以将同款旅游商品汇集到一起进行比价,还可以享有去哪儿"担保通"的保障。

此外,目前整个社会的网络基础设施正处于快速发展期,宽带提速和移动网络基本能够满足自助游的消费要求,个人电脑和智能终端在大众消费者中越来越普及,所以在线旅游服务商要重点对信息技术(如RFID技术、空间定位技术、SOA技术、SaaS平台技术、PaaS平台技术、云计算技术、物联网技术、Web2.0技术、三网融合技术、5G移动通信技术、传感技术、AR/VR虚拟仿真技术等)在旅游业中的应用进行深度挖掘,促使更多的产业与旅游业相融合,并为旅游者提供更多的便利和机会,从而创造出更高的价值。

三、质量保障

传统的企业质量管理主要集中在内部的质量改进,很少考虑通过供应链协作对上下游企业的产品质量进行控制,然而三聚氰胺等事件表明,产品质量越来越取决于供应链质量管理[1]。质量是影响旅游供应链的最重要因素,同时旅游服务的无形性也使其成为最难控制的要素。Parasuraman等对服务质量的定义为,服务质量取决于用户感知的服务水平与用户所期望的服务水平之间的差别程度,故而形成了服务质量差距模型和SERVQUAL模型。很多学者对服务质量与供应链绩效、顾客满意、低成本、企业利润的关系进行了深入研究,但研究成果大部分集中在供应链的几个环节上,很少有学者从整个供应链的角度来考虑。

服务质量被认为是特定服务交易所表现出来的结果,作为单向的结构,服务提供者在服务中的感受经常被忽略。此外,服务质量遵循"100-1=0"的基本规律,供应链中的任何一项服务瑕疵都有可能造成供应链整体的失败,Seth等认为应该把服务供应链中的所有环节考虑进来。因此,在线旅游服务商作为服务的组织者和集成者,需要从旅游供应链的多个环节入

---

[1] 肖迪,潘可文.基于收益共享契约的供应链质量控制与协调机制[J].中国管理科学,2012,20(4):67-73.

手，建立严格、规范的服务标准体系，改善供应商之间的合作关系，提高旅游者的参与度，才能保障旅游供应链的整体质量。

四、风险控制

在线旅游供应链网络的复杂性和外部需求的不确定性导致突发事件时有发生，从而对供应链的运作造成了一定的影响，因此，建立适当的旅游供应链应急保障体系是非常有必要的。潘翰增（2011）将旅游突发事件分为供给突发事件和需求突发事件，并计算出了不同类型突发事件对旅游服务供应链造成的影响[①]。

从在线旅游服务商的角度来看，一要加强供应商管理，定期监控关键服务供应商可能存在的风险，将旅游供给突发事件的概率降到最低，将风险损失降到最低；二要建立类型多样、替代性强的产品数据仓库以增强旅游供应链的柔性，以便应对随时可能发生的需求突发事件；三要进行游客动态监测与需求预测，对可能发生的需求突发事件提前进行预警，在突发事件发生之后通过信息平台给予及时引导。

---

① 潘翰增.旅游服务供应链协调研究[D].哈尔滨:哈尔滨理工大学,2011.

第五章 OTA主导的在线旅游供应链整合机理与路径

随着信息技术的进步和管理思想的革新,市场竞争的方式发生了根本性转变,由原来单个企业降低生产成本、提高质量和增加销量的竞争时代,逐步向供应链与供应链之间的竞争转变。供应链企业间的资源互补与生产协同形成了新的竞争力,供应链整合成为提升企业绩效、增强竞争优势的有效途径。谌小红(2007)认为供应链整合就是以核心企业为重点,对供应链上各参与主体的组织、流程及其管理的优化,目的是提高核心企业以及整条供应链的经营绩效[①]。网络环境下的旅游企业,既要关注单个企业价值的创造与实现,还必须同时关注整个价值创造系统的整体效率。在线旅游服务商视角下旅游供应链整合的重点是围绕游客需求形成完善的服务供给体系,即以在线旅游供应链价值创新为导向,通过资源整合完成游客价值的识别、创造、传递、增值与实现。

第一节 在线旅游供应链面临的困境与选择

信息是旅游业的基础,旅游业被认为是一种信息密集型和信息依托型产业。信息技术变革与信息化建设给旅游业带来了新流程、新业态、新服务、新产品,移动互联网的广泛应用再一次引发了旅游供应链的变革。信息技术为实施旅游供应链的整合奠定了坚实的基础。

[①] 谌小红.供应链整合研究综述[J].中国水运(学术版),2007,7(11):247-250.

一、在线旅游供应链面临的困境

（一）用户渠道转移

随着移动网络升级、智能手机普及、APP软件数量的猛增，以智能手机为代表的移动终端已成为人们使用移动互联网的首要方式，以社交、娱乐、媒体、购物为主要功能的网络信息平台成为抢夺用户的主力军。用户对传统的旅游信息平台（网站）关注逐渐减少，以旅游信息分享、攻略点评、行程规划等嵌入功能为代表的APP备受欢迎，其用户人数急剧增长且用户黏度很高，这也促使在线旅游运营商开始积极开拓移动互联网市场，携程也因此提出了OTA（Online Travel Agency）与MTA（Mobile Travel Agency）并举的发展战略。移动互联网改变了游客的消费、预订模式，从搜索、预订到支付、分享、购物，形成一条更广泛的无线旅游产业链，用户渠道转移过程中催生了一批新型的旅游网络中间商，如马蜂窝、穷游网等。

（二）信息内容整合

旅游信息不仅仅局限于狭义概念范畴之内，移动互联网可以实现旅游供应链广义范畴内的要素信息整合，包括了商业信息与公共服务信息、线上信息与线下信息、个人信息与媒体信息的整合。移动互联网以其即时通信、基于位置的服务（LBS）、身份识别等功能，与旅游业的动态化、碎片化特征高度契合，实现了消费行为中的时间-空间关系的协同整合。首先，移动互联网可准确捕捉用户的行为偏好，可根据用户的位置提供更个性化、智能化的旅游周边服务，如实时提醒、动态查询、天气预报、旅游分享、交通导航等增值业务，这些信息都极大地增加了游客的体验价值。其次，在线的社会化媒体促进旅游服务升级，消费者的个人社会关系成为移动互联网的核心载体，新媒体对旅游信息传播和消费者决策产生了深刻影响。旅游社交媒体正通过聚集大量个人用户、不断拓展其旅游电子商务功能、提供旅游信息服务而成为旅游供应链中的新成员。最后，信息技术进步带来信息交互方式的改变，以及供应链主体间的信息流骤然增大，对旅游供应链信息整合形成极大挑战。

（三）线上线下协调

信息技术在旅游业中的广泛应用，改变了旅游者的消费行为和企业的业务流程，使得旅游者能够更轻松、更自由地享受旅游过程，但对旅游者而言，最重要的还是旅游目的地的产品特色与服务质量。因此，对旅游电子商务而言，线上资源是线下资源的商品化和信息化，线下资源是基础，所有的产品与服务最终都要落实到线下资源。一是，预订中的精益化服务，线上与线下的合作。在线旅游服务商需要对直接供应商进行严格的筛选，签订规范的服务保障协议，并将其纳入信息库及搜索平台，使其与运营商网络实现实时数据交换，这样才能够保证高效、准确的预订或代订服务，如预订酒店、机票、门票等。二是，旅途中的高效管理，线上与线下的互动。在线旅游服务商需要对旅游者消费轨迹进行全程追踪，向旅游者实时反馈行程规划信息，获取旅游者实际消费信息，监督旅游供应商提供服务的情况，并适时推荐相关延伸服务及备选方案，这样才能实现旅游服务的全程无缝对接，让旅游者整体旅游体验更佳。

二、在线旅游供应链演化的方向

经济大发展与居民消费升级给旅游业创造了发展机遇，互联网及移动互联网支持下的旅游消费市场进一步被激活，旅游需求呈现出散客化、个性化、定制化、移动化等趋势。移动互联环境下旅游供应链演化呈现出以下三个维度（见图5-1）。

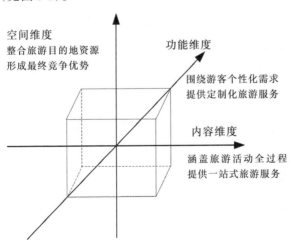

图5-1　移动互联环境下旅游供应链演化的三个维度

（一）功能维度：围绕游客个性化需求提供定制化旅游服务

从传统固定线路向自由定制模式转变。传统旅行社销售既定线路的产品，旅行前的计划在旅途中不能改变，游客只能被动地接受旅行社批量销售的大众商品。相比之下，定制旅游是根据游客的需求，以游客为主导的旅游产品消费模式，游客可以根据自己的喜好和需求定制行程，选择自己想体验的产品和服务。移动智能终端所具备的身份识别、位置服务、即时通信、移动支付等功能较好地满足旅游过程中信息沟通的需要。因此，未来旅游供应链的结构体系将变得更加庞大，全程旅游服务信息将高度集中到供应链核心企业。也就是说，未来散客旅游市场需要重构以旅游网络服务运营商为核心企业的供应链结构，使其在供应链资源整合、信息交换、资金流转中发挥主导作用，使其更具柔性。

（二）内容维度：涵盖旅游活动全过程提供一站式旅游服务

从旅游各环节分包服务向全过程综合服务转变。随着移动APP的发展，智能手机让人们在不同的应用场景获得旅游服务成为可能。由于目前在线旅游服务主要停留在预订客房、机票及门票等方面，对游客线下的体验价值和服务细节方面的关注较少，在线旅游服务商需要提升对线下资源的掌控能力，加强对各个服务环节的监督与协调。此外，分类越来越细的APP让用户在各种软件中来回切换，未来还需要通过云端技术实现旅游APP的整合，将旅游公共服务信息和商业服务信息有机融合，形成一套完整的行程规划及管理系统；同时，通过云存储技术实现个人旅游账户的多屏转换和信息关联。因此，未来旅游供应链上合作伙伴的协同发展能力还需要不断提升，构建以游客体验价值和企业经营利润为双导向的供应链绩效管理与风险控制体系。

（三）空间维度：整合旅游目的地资源形成最终竞争优势

随着旅游业的不断发展，旅游活动将逐渐从游览旅游景区向体验社区文化转移。游客追求深度旅游、真实性体验，期望能在旅游目的地社区中自由自在地了解文化、感悟历史、调养身心及进行交流等。在信息技术的支持下摆脱了食住行等基本保障后，游客消费逐步回归到对旅游本真内容的追求。然而，旅游代理商都是通过销售旅游目的地的商业资源获得利润，旅游社区非商业性资源基本没有被纳入旅游供应链体系，所以构建新型旅游供应链将面临极大挑战。在自助的深度旅游中，游客支出的直接费用会减少，这导致商业性旅游产品利润下降。在线旅游服务商只有从更广泛的范围对旅游目的地资源进行整合才能获得竞争优势。因此，未来旅游供应链将以旅游目的地城市或国家为旅游资源整合的区域空间单元，最终形成一个覆盖整个地球的旅游目的地信息网络体系。

第二节　OTA主导的在线旅游供应链整合机理

一、价值创造视角下的服务供应链整合

（一）服务供应链整合的基本思想

赵亚蕊（2012）通过国外供应链整合的大量文献研究发现了供应链整合的三大诱因：降低企业间的交易成本、促进交易企业间的信息协调和规避资源依赖所产生的风险[1]。总的来看，国内外学者在制造业供应链的整合方面已经取得较多成果，比如通过信息与通信技术实现信息共享、流程重组和协同生产，但对服务供应链整合的研究还不是太多。由于网络环境下的服务生产具有不可储存性、同步性、整体性、交互性、知识密集性、网络外部性等特征，这导致服务产品的定义和设计、服务的集成和传递等流程的整合难度很大。

Tan、Kannan和Handfield（1998）认为供应链整合就是整合企业流程为顾客创造价值，这种整合超越了组织的边界，把供应商和顾客变成参与价值创造的主体[2]。Frohlich和Westbrook（2001）认为供应链整合的主要目

---

[1] 赵亚蕊. 国外供应链整合的研究述评与展望[J]. 商业经济与管理, 2012(11): 24-32.

[2] Tan K C, Kannan V R., Handfield R. Supply chain management: supplier performance and firm performance [J]. International Journal of Purchasing and Materials Management, 1998, 34(3): 2-9.

的是在价值创造活动和个性化特色之间实现最优结合[①]。供应链的价值创造主要体现为企业财务价值、顾客价值和社会价值,其基本思想是通过供应链企业间的协同合作来减少企业内部和供应链上所产生的成本,在提升企业财务价值的同时,提高客户服务水平,实现顾客价值。然而,以旅行社为核心的传统旅游供应链的主要利润来源于客户的成本性支出,而客户始终追求降低成本,因此造成了当前旅游行业中低价竞争的怪圈。

因此,随着在线旅游业务的快速发展,在旅游产品交易信息越来越透明,旅游企业不断压缩利润空间的规模化发展已不利于旅游业的可持续发展。旅游企业只有通过加强供应链协作,让旅游者充分参与旅游产品生产,才能充分发掘旅游者的内在需求、提供更有创意且受旅游者欢迎的产品与服务,创造顾客价值,并让顾客满意。也就是说,顾客价值创新才是增强旅游供应链整体盈利能力的新方向。

(二)服务供应链整合的理论与实践

1. 服务供应链整合的理论研究

倪文斌、张怀修(2010)在参考Fabbe-Costes(2008)观点的基础上,提出了从整合的范围、层次和强度三个维度来阐释供应链整合的内涵。从服务供应链整合的范围来看,主要包括内部整合(核心企业内部)和外部整合,其中外部整合又分为供应商整合(核心企业和供应商间的整合)和顾客整合(核心企业和顾客间的整合),如图5-2所示;从服务供应链整合的层次来看,主要包括信息整合、组织间关系整合,以及运营与流程的整合;从服务供应链整合的强度来看,可以分为强、中、弱三个等级。

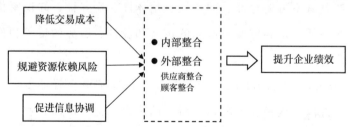

图5-2 服务供应链整合与核心企业绩效之间的关系模型[②]

[①]Frohlich M T, Westbrook R. Arcs of integration: an international study of supply chain strategies [J]. Journal of Operations Management, 2001,19(2):185-200.

[②]倪文斌,张怀修.供应链整合研究综述[J].商业经济,2010(20):68-70.

内部整合是指核心企业内部不同部门之间的协同，跨职能的团队协作有利于提高企业绩效。供应商和顾客处于企业组织边界以外，因此，供应商整合、顾客整合都属于外部整合的范畴。供应商整合是指让供应商参与到核心企业的生产计划制订当中，把它看作核心企业的一个重要部门；顾客整合是指让顾客参与到生产环节，使其成为企业的重要组成部分。Lummus和Vokurka（1999）、Giménez和Ventura（2005）、Gilbert（2010）等学者的研究表明，供应链整合在知识共享、关系专用性投资以及流程整合等方面，对提升企业绩效有着显著的正向效应。

2. OTA的供应链整合创新

需求的不确定性和敏捷性等特点，决定了旅游供应链需要加强整合。网络技术和电子商务的快速发展，使在线旅游服务商具备利用信息技术的异质性能力，这种能力对实施有效的供应链整合作用巨大。

笔者在调研中发现，携程作为在线旅游服务商的杰出代表，非常重视供应链的内外部整合。在内部整合方面，携程建立了高效的信息化管理系统，注重部门间的流程整合和信息共享，并对员工服务技能开展了系统化培训。在外部整合方面，携程通过品牌建设提升了顾客的忠诚度，对顾客实施会员管理和群分化的市场销售策略；与服务供应商建立了良好的信任关系，以及协调监管、利益共享、风险分担等机制，并根据顾客需求帮助服务供应商导入精益化的流程管理。携程将服务分解为20个"环节"、61个"KPI指标"和211个可以完善的"缺陷点"，并为每个环节制定了科学的测量标准，跟踪并监督每个环节的服务执行情况，从而使整个服务成为一个连接顺畅的整体，顾客体验感非常好。

二、在线旅游供应链的价值创造过程

（一）信息技术与顾客价值创造

继劳动分工理论、交易费用理论、熊彼特创新理论之后，理查德森从互补性角度给出了企业网络存在的理论解释，总结出了供应链网络中企业价值创造的五个源泉，即资源禀赋的互补性、资产专用性、信息共享、快速响应优势、外部经济规模，此观点为我们揭示网络环境下旅游供应链的顾客价值创造过程奠定了基础。

陈瑞卿（2009）通过研究分析旅游服务供应链企业间的高度相互依赖性，首次提出了"旅游供应链联盟"的概念，旅游服务价值的创造正是基于旅游企业间的有效合作才得以实现[①]。由于旅游供应链上企业长期的反复博弈，成员与资产专用性较高的企业（旅游供应链核心企业）逐渐形成了信任与协同，二者之间建立一种"关系性租金"（Relational Rent）。关系性租金是在特定的市场交易关系中共同产生的一种超额利润，它是创造合作剩余价值的源泉，但它的形成取决于信息共享、快速响应优势、外部经济规模等因素。

现代网络与通信技术能够极大地改变旅游供应链的信息共享，信息技术可以加强企业之间的网络化关系，信息技术对旅游供应链的价值创造发挥着至关重要的作用。谢礼珊、关新华（2013）认为在线旅游服务商利用先进的信息网络技术为顾客提供了更快捷、多样和个性化的服务，因此创造出比传统旅行社更高的服务价值[②]。从本质上来看，交易成本与市场导向是服务供应链整合的主要动因，信息技术能力则是影响核心企业实施服务供应链整合的重要因素。徐虹（2009）认为信息技术的应用使得"跨组织系统"更好地服务于游客体验价值的创造系统，从而高效地将顾客的核心价值、旅游中间商的增值价值、旅游供应商的让渡价值、竞争者的比较价值，以及旅游目的地政府和居民的附加价值有机地整合在一起，形成优势互补的旅游供应网链[③]。

（二）在线旅游顾客价值创造过程

在信息技术的支持下，旅游供应链顾客价值的实现包括识别、生产、交付等环节，并通过重复消费进入顾客价值创造过程的延续性再循环，具体表现为图5-3所示的在线旅游供应链的顾客价值创造流程。

---

① 陈瑞卿.旅游供应链本质的研究[D].开封:河南大学,2009.
② 谢礼珊,关新华.在线旅游服务提供者顾客需求知识的探索性研究——基于在线旅游服务提供者和顾客的调查[J].旅游科学,2013,27(3):1-17.
③ 徐虹.供需环境变化对旅游目的地供应链内涵的影响研究[J].北京第二外国语学院学报,2009,31(9):14-19.

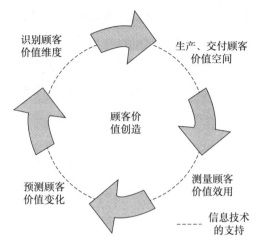

图 5-3　在线旅游供应链的顾客价值创造流程

从上述模型来看,在线旅游服务商提供的价值肯定会与旅游者最终接收到的价值存在差距。只有不断缩小信息差距、设计差距、折中差距、满意差距和感知差距这五种差距的数值,才能让最终消费者完全接收到服务商提供的价值。

王锡秋(2005)认为顾客价值包括了经济价值、功能价值和心理价值三个方面,其测度方法比较成熟的有Parasuraman等(1988)开发的SERVQUAL服务质量评价模型。在网络环境下,在线旅游服务商可以充分利用信息沟通缩小上述差距,比如通过预先的虚拟体验和浏览以往消费者的客观评价来改变消费者预期,提高消费者对旅游无形产品的理性认识;通过特定的场景调动消费者情绪,提升他们对旅游服务的情感认可度。因此,我们可以通过问卷调查表,也可以通过游客满意度、游客投诉率、重游率等指标测量在线旅游者的顾客价值效用。

1. 识别顾客价值维度[①]

识别顾客价值维度是创造顾客价值的基础和前提,企业只有准确识别顾客价值才能为其提供针对性、个性化的产品与服务。服务供应链需要顾客的参与和配合,需要顾客能够尽可能地描述自己想得到的服务,但顾客往往对自己想要的服务定义不清晰,甚至需求不明确,多样性和主观能动

[①] 郑四渭.旅游服务供应链优化及模型构建研究——基于顾客价值创新的视角[J].商业经济与管理,2010(11):84-90.

性造成了服务供应链企业对顾客价值识别的困境。因此，一方面，服务商作为核心企业要尽可能地识别顾客的核心价值（这个可以从对顾客需求行为的大量观察分析中得知其价值诉求），并在顾客的配合下完成对服务内容的细化，同时将这些关键内容制定成服务产品核心及标准，改造和完善线上体验，从而形成大众能够普遍接受的服务产品；另一方面，服务商需要对顾客需求进行引导和提示，从企业自身的内在优势出发，为顾客提供丰富的产品选择，或者有选择性地为顾客提供某些方面的服务，形成与企业核心竞争力相匹配的顾客价值优势。

顾客核心价值也会随着消费升级而发生变化，网络环境下顾客价值的识别更依赖于信息技术。随着旅游消费市场的日渐成熟，旅游需求回归"自由自在"的精神实质，更多的旅游者追求高品质、个性化的旅游方式。除了开展旅游者消费需求的市场调查，目前国内许多学者正致力于在线旅游的搜索行为研究，试图通过行为学研究分析顾客的核心价值诉求，通过与顾客在社交网络的实时互动追踪需求热点，通过大数据抓取顾客的真实行为意图，这些对识别在线旅游的价值维度起到了极大的支撑作用。

2. 生产、交付顾客价值空间

顾客价值的交付能力是实现服务向价值转化的关键所在，只有成功地将服务与顾客需求完全对接才能实现交付。价值的创造和转移可分为三个阶段，即选择价值（Choosing the Value）、提供价值（Providing the Value）和沟通价值（Communicating the Value）。相对应地，服务的生产与消费同步性使得顾客价值的创造与交付也是同步完成的，涉及服务的组合设计、集成与供应、宣传促销三个方面。首先，服务商要基于产品差异化的服务设计需要对顾客需求和企业自身能力有清醒的认识，围绕顾客需求设计产品组合，确定服务产品的市场定位；其次，服务商围绕顾客需求选择供应商，并将顾客需求信息传递给供应商，实现旅游服务的信息化集成，服务商和供应商通过信息网络实现对客服务的全程跟踪和监督，确保服务供应的顺利完成；最后，服务商在顾客购买前开展适当的营销推广与促销活动，让顾客了解产品的内在价值。从这个过程来看，顾客价值的创造与交付都必须有服务商的深度参与，顾客核心价值创造和服务价值增值的实现依赖于服务供应链的信息共享。

网络环境下服务供应链的顾客价值创造与交付,可以更加快捷和高效。网络技术在旅游中的应用可以增加游客的体验价值,从而扩大服务商的价值创新空间,增强服务产品的交付能力。其一,顾客可以随时随地发出需求信息,也可以在在线旅游平台上搜索到海量的服务产品信息,服务商可以根据顾客需求进行实时的产品组合与设计,为顾客提供了更多的增值服务选择,如飞猪推出的"信用住""机酒套票"等服务;其二,自助游过程中信息技术为顾客消费活动提供了极大的便利,提高了供应商向顾客交付价值的能力,如地图导航、语音通信和电子导游讲解等服务。

3. 测量顾客价值效用

顾客在消费结束后会对所支付的成本和收益进行评价,进而对权益维护、下次消费决策以及舆论传播产生影响,促使顾客逐步向理性消费转变。然而,服务及其价值的评价极具主观性,它是顾客基于感知利得与感知利失的权衡或对产品效用的综合评价,因此客观准确地衡量价值难度很大,人们往往通过顾客满意度来间接形成定量的指标评价。此外,利得和利失之间的权衡不能局限于单个情景,需要扩展到对整个关系持续过程的价值衡量。Jeanke、Ron和Onno的顾客价值理论模型如图5-4所示。

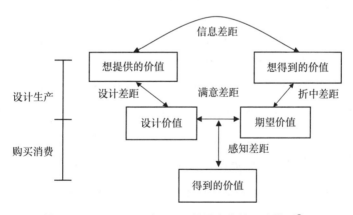

图 5-4　Jeanke、Ron 和 Onno 的顾客价值理论模型[①]

4. 预测顾客价值变化

顾客价值变化主要表现为顾客价值维度结构的改变以及新增价值空间

---

① 王锡秋.顾客价值及其评估方法研究[J].南开管理评论,2005(5):33-36.

的出现，为重新和全面地识别顾客价值提供了途径。由于顾客价值会随着顾客个人因素（如消费实力、消费经验）和外部因素（如新技术、新政策等）发生变化，从中长期来看，它会形成明显的阶段性特征。在服务过程中与顾客进行沟通与反馈，准确把握顾客消费习惯、技术创新和宏观经济形势对顾客价值造成的影响，可以为服务流程的各个环节以及服务产品的设计与集成等提供指导，为消费者提供更有针对性的服务，扩大顾客创新空间。

网络环境下，在线旅游服务商可以收集并整理旅游者的事后评价，通过大数据分析获取旅游者行为特征的变化，从而为旅游者的消费新动向提供相应的服务。例如，当旅游目的地的租车成为制约自助游"最后一公里"的主要问题时，"机票+酒店"拳头产品组合开始向"租车+酒店+门票"新产品组合转变。此外，通过信息分享，在线旅游服务商及其供应商可以共同分析旅游者价值诉求的变化趋势，发展和培育新的服务供应商，从而建立一个顺应旅游者消费需求变化的供应链体系，实现供应链的可持续发展。

三、在线旅游供应链的价值创新方式

服务供应链价值创造的关键在于服务商的选择和服务技术的支撑（IT技术实现）。服务商是服务供应链中唯一的核心企业，它必须在专业人员、组织协调、技术研发和信息服务等方面具有超强的能力，从而实现对上游服务商所提供的产品与服务的整合，将其转化为与自身商业模式相匹配的商业资源，最终集成和交付与顾客需求相一致的服务产品。服务供应链顾客价值创新是价值增值的表现，就是将更多有用的服务活动（人的劳动）转化为新的价值增长点，从而提高服务价值和扩大共同利益。

（一）核心企业的服务集成

旅游服务中的创新越多，顾客接受认可的程度越高，那么顾客价值也就越高。从上述分析可知，在线旅游服务商作为网络环境下的旅游供应链核心企业，其顾客价值创新能力就是服务的创新能力，具体来说就是利用技术、信息、组织和人才开展的服务创新。洪肯唐（2010）论述了供应链合作及供应链合作价值创新在信息共享、决策同步化和动机一致性三个方面的巨大差异，供应链主体间不仅仅是建立合作关系，更应该强调合作中的价值创新。对游客而言，顾客价值的实现来源于旅游服务的传递和交付，顾客价值的创新则大部分来源于供应链核心企业（在线旅游服务商）对服务的集成与传递（见图5-5）。在线旅游服务商利用先进的信息网络技术为在线旅游消费者提供了高品质、多样化的服务，因此创造出了比传统旅行社更多的服务价值。

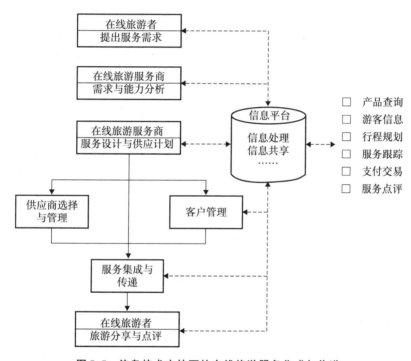

图 5-5　信息技术支持下的在线旅游服务集成与传递

在线旅游服务商通过信息技术对旅游服务的集成创造了新的游客价值。在线旅游服务商围绕旅游者的需求分析、产品设计、服务集成和组织供应等展开了生产，提供了旅游者出游所需的解决方案，降低了旅游者的信息使用成本，为旅游者获得良好的旅游体验付出了劳动。此外，在线旅游服务商针对旅游者的个性化需求，开发了智能化的旅游相关服务推荐系统，提供了一系列新的服务项目，吸纳了更多的间接旅游服务供应商加入供应链服务体系。信息技术实现了在线旅游服务商对旅游产品、旅游者行程安排、旅游服务跟踪、交易支付、用户评价的整体集成。

例如，途牛自成立以来聚焦度假游、跟团游和出境游三大细分旅游市场，推出了一系列顺应休闲度假游潮流的创新组合产品及其网络运营方式；通过收集、筛选和计算海量数据来整合信息，根据数据的反馈做动态的打包和组合，为旅游者提供更加个性化、高品质的产品。途牛创造了旅游产品与服务的品牌价值，从而区别于携程所提供的简单的酒店、机票或"酒店+机票"业务，形成了一种新的在线旅游运营模式。

（二）游客参与的价值共创

顾客主导逻辑更关注从使用价值、顾客自身、顾客服务体验等方面去分析、检验服务价值的创造。在服务生产过程中，价值创造正经历由以企业或产品为中心的价值创造转向以体验为中心的共同创造价值观，倡导顾客和生产者合作，通过有效互动和分享经验，实现价值共同创造。在信息技术经济和体验经济时代，旅游者在旅游服务过程中的角色发生了巨大的变化。旅游者由被动的服务接受者转变为主动的服务设计者、价值创造的主导者和体验创新的使用者，因此，旅游企业应该构建互动互利的顾客参与机制。

在线旅游供应链合作生产与价值创造如图5-6所示。

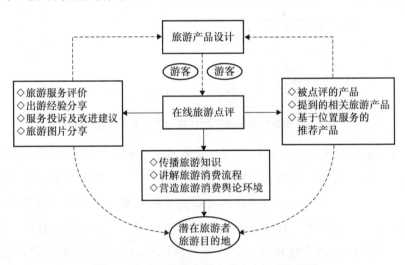

图5-6 在线旅游供应链合作生产与价值创造

在线旅游服务商正是利用旅游者价值主张、服务建议、游客点评等方式不断改进服务，让游客参与到设计、生产、传递等服务运作系统中，使旅游者成为企业的价值创造伙伴。此外，产品或服务的价值共创延伸到了旅游者对消费体验过程的现象学解读，用户生成内容对于旅游企业生产与销售意义重大。基于网络媒体的口碑传播，信息接收的边界逐渐消失，潜在旅游者购买的初始环节与现实旅游者购后的口碑评价互相衔接，产生强大的消费引导力量。因此，旅游营销人员需要关注旅游者信息和评价，旅游目的地营销不再是一厢情愿的设计和推广过程，旅游者会依据自身的感知和喜好描述其所到访的目的地，并将信息传递给他人。

第三节　OTA主导的在线旅游供应链整合路径

本节主要探讨以在线旅游供应链价值创新为目标的资源整合路径。围绕网络环境下的旅游供应链顾客价值创造，信息技术可以有效促进供应链核心企业的服务集成和游客参与的价值共创，从而实现旅游供应链的整体效益提升，这正是旅游供应链整合的初衷和目标。因此，在线旅游服务商的旅游供应链整合可以从内部整合与外部整合（包括供应商整合和顾客整合）两方面展开。潘文安（2006）通过研究发现，核心企业内部和外部整合能力对供应链合作绩效有显著影响，并且外部整合能力是企业利用伙伴关系提高合作绩效、形成竞争优势的关键[①]。

一、在线旅游供应链整合的方向

（一）渠道管理与供应链整合方向

从在线旅游产品的销售渠道来看，为了满足消费者不断增加的消费需求，在线旅游服务商必须依靠信息技术实现其平台功能的不断拓展。因此，以在线旅游服务商为中心的供应链可以通过纵向和横向两个维度进行整合。所谓纵向整合，主要是指供应链的两端整合，即一方面不断增加合格供应

---

① 潘文安.供应链伙伴关系、整合能力与合作绩效的实证研究[J].科技进步与对策,2006(5)：105-108.

商的数量,加强与供应商的合作关系,保证旅游服务质量;另一方面扩大消费者的市场份额,提高优质客户的比例,增强消费者对预订平台的选择和使用意愿,将网络流量转化为真实的购买行为。所谓横向整合,主要是指企业内部的组织和功能整合,剥离或引入新的业务单元,优化内部管理,改进业务流程。

需求和技术驱动下的在线旅游功能演化如图5-7所示。

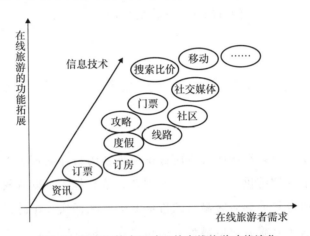

图5-7 需求和技术驱动下的在线旅游功能演化

1. 对上游资源的整合

对上游资源的整合主要包括两个方面:一是数量维度的整合;二是质量维度的整合。

(1) 数量维度的整合。

供应链上游资源的丰富程度决定了消费者的选择范围,也是在线旅游平台形成规模经济的必要条件。除了继续巩固已有的上游供应商资源,上游线下资源的整合空间仍然巨大。一是,在线旅游元素的类型扩展,这些资源可能是一些传统的旅游元素,如机票、酒店、门票、签证服务、旅游保险等,也可能是旅游活动中新兴的需求元素,如邮轮、团购、娱乐、租车、订餐等,还可能是一些地方特色活动、个性化服务等非标准化的旅游产品。二是,在线旅游业务的地域扩张,即开辟更大范围的跨区域、跨国界的新市场,在线旅游全球化、国际化已成为供应链整合的新趋势。这要求在线旅游服务商加大人力、资金等投入,用于与合作供应商的谈判、签约和关系维护,从而建立起庞大的在线旅游产品数据库。

（2）质量维度的整合。

上游供应商能够遵循在线旅游服务商的合作契约、接受服务流程监督，保证整个旅游活动的行程衔接和服务品质。这就要求上游供应商严格遵守旅游产品与服务的流程和标准，高质量地完成线下服务，以在线旅游平台为中心形成高效的全过程服务协同。同时，与在线旅游服务商之间形成长期、稳固、信任、共赢的合作关系，保障旅游淡旺季的供应能力。

2. 对客户资源的整合

对客户资源的整合主要包括客户获取和客户管理两个方面。一是能够通过营销和技术手段吸引更多的网络用户，二是能够对客户进行有效的管理。

（1）客户获取。

客户获取主要是通过扩大线上用户的流量来实现的，这个取决于在线旅游服务商的产品特色、平台技术、企业品牌等多个方面。在技术方面，可以通过与综合搜索、垂直搜索等互联网用户入口的服务商合作，导入巨大的潜在客户流量；也可以通过专业的旅游网络媒体平台，如攻略、点评类服务商，获得有效的预订用户流量。此外，还可以积极实施多端口的预订渠道协同，如电话端、网络端等，增加与潜在客户的接触界面，提高在线预订范围，扩大市场覆盖面和占有率。

（2）客户管理。

客户管理是指在线旅游平台的旅游社区、圈子等通过旅游问答、分享、评价等手段实现与客户的互动，通过攻略、游记、指南等对旅游者消费进行引导，通过会员积分和奖励等保持客户的稳定性。在线旅游服务平台自建的网络媒体和虚拟社区，能够使其与其他的旅游网络媒体平台形成竞争，增强在线旅游服务商的综合竞争优势，同时可以增强在线旅游者的体验一致性，对扩大和稳定用户意义重大。例如，艺龙曾在2009年推出"飞机上交友"服务。当机票预订成功后，旅客若选择"加入一起飞"，就可以看到其他也加入"一起飞"服务的同机旅客。旅客可以互相留言，约定在候机楼见面或者安排其他线下活动。该服务为旅客带来了全新而有趣的交友体验，消除了旅客的诸多顾虑，使旅客能轻松感受交友乐趣。

3. 对企业内部的整合

对企业内部的整合主要是优化内部管理，改进业务流程。通过技术升级和创新，不断挖掘信息技术对旅游业务流程优化的潜力，为在线旅游产品设计、组合及销售提供可靠的技术支持，不断提升在线旅游网站的浏览效果与预订体验，形成与竞争对手差异化的技术优势。通过改进内部业务流程和管理方式，制定更加精细化的旅游服务流程，加强在线旅游产品与服务的质量监管体系建设，应对旅途中可能突发的危机事件，其最终目的是在系统上通过无缝对接为客户提供更好的服务。例如，艺龙曾在2013年推出云掌柜客栈管理系统。该系统基于云端的移动房态管理系统免费面向客栈，以帮助其客栈供应商实现移动房态管理、客户关系管理、分销和直销管理、财务统计与分析等，与艺龙管理信息系统对接，从而提高企业运行效率。

（二）外部竞争与供应链整合方向

从消费者对旅游产品与服务的购买渠道来看，供应链整合主要可以通过以下三条路径：一是，消费者从线下代理商（如旅行社）购买；二是，消费者从旅游供应商的网站或实体店直接购买；三是，消费者通过在线旅游服务商（第三方）预订平台购买。其中，在线旅游业中的网络流量入口（如综合搜索、垂直搜索）、旅游社交媒体（攻略、点评类网站）等对OTA用户导流作用非常明显，它们具有与消费者距离较近的优势。

1. 来自竞争对手的威胁

在线旅游服务商的竞争对手可分为现实竞争者和潜在竞争者。现实竞争者之间会发生直接的竞争关系，如携程和艺龙，以及后来的去哪儿、Agoda、Booking等，它们在酒店和机票预订领域的竞争非常激烈。OTA的潜在竞争对手主要来自旅游垂直搜索、在线点评及旅游O2O模式开展的代理业务。总的来说，这些竞争是不可避免的，在线旅游竞争对手间针锋相对的价格大战已经持续了多年，"用利润换市场"已成为业界共识。同时，阶段性的"价格战"也正在成为行业巨头消灭潜在威胁的手段，而新兴力量也慢慢开始将其作为吸引投资的策略，比如2014年"双程"（携程和同程）的"门票价格战"就是典型。

应对竞争对手的威胁，在线旅游服务商主要靠不断改进产品、服务和技术。以在线旅游服务商为核心的供应链整合优化可以围绕以下几个方面展开：

一是，在线旅游产品细分化，整合产品线，构建多层次、多类别的在线旅游产品体系。例如，将在线住宿产品进一步细分为酒店、民宿、客栈、公寓等多个产品群，将在线旅游交通产品进一步细分为大交通（如乘飞机、坐火车）和目的地小交通（如打车、租车、包车、乘游船、坐缆车）等，以应对不同需求的群分化旅游客源市场，增强产品竞争力。

二是，在线旅游产品主题化，通过资源库开发打包产品，强化旅游产品的组合与设计，形成与竞争对手差异化的产品。

三是，在线旅游产品全程化，覆盖旅游活动的全部服务需求项目，如交通、住宿、餐饮、娱乐、景区等，为旅游者提供全程化的旅游服务。

2. 来自互联网入口的竞争威胁

来自渠道商的竞争威胁主要是指综合搜索、垂直搜索、门户网站、在线旅游媒体等扮演着流量分发的角色，分化了直接访问OTA网站的客户流量。从国内的情况来看，百度、搜狗、360搜索等综合搜索网站以及国内大型综合门户网站把持了我国的互联网入口，它们对在线旅游搜索的导流对旅游OTA影响重大。此外，去哪儿等垂直搜索平台以及马蜂窝、穷游网等在线旅游媒体平台的建立对OTA的用户抢夺非常明显。

UGC对在线旅游者网购及旅游产品供给的引导过程如图5-8所示。

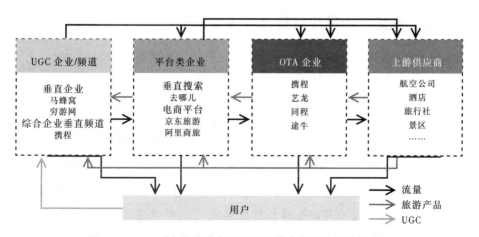

图5-8 UGC对在线旅游者网购及旅游产品供给的引导过程

应对来自互联网的竞争威胁，OTA主要从三方面入手：一是建立战略合作关系，二是加强旅游社区建设与管理，三是增强旅游服务的专业性。

（1）建立战略合作关系。

与综合搜索、垂直搜索、UGC网站建立战略合作关系是国内外OTA采用的基本策略。国内外实践都表明这些网站是旅游信息搜索的重要入口，OTA能将这些网站的巨大流量兑现为收益，非常符合这些网站的多元化盈利需求。在国外，Expedia等OTA巨头正是从Google、Facebook、PayPal、Foursquare等网站获得了巨大的流量支持。

（2）加强旅游社区建设与管理。

加强自有旅游社区的建设与管理，吸引更多的直接访问用户，保留和培养一批忠实的客户，形成在线旅游消费的闭环效应，能够有效提高竞争壁垒。在线旅游服务商可以通过自建或加入联盟的方式大力发展在线旅游社区，围绕内容、用户建立社区，鼓励用户分享、创造内容，这样才能形成以内容和用户为核心的旅游社区。

（3）增强旅游服务的专业性。

OTA与电商平台的竞争主要体现在供应链运作的专业性上，在线旅游产品与服务是一种即时消费产品，其售后不是单纯的商品物流配送，而是复杂的旅游活动，其难度远远超过了实物商品的网上销售。国内在线旅游服务商丰富的经验和专业的运作能力，让淘宝、京东、苏宁易购、一号店等电商平台很难赶超。

二、在线旅游供应链整合的路径分析

（一）供应商整合数字化、标准化

1. 数字化

供应商整合数字化，即对上游供应商实行数字化管理，发挥上游供应商的主动性。越来越庞大的供应商体系对在线旅游服务商的管理提出了挑战，这包括了供应商加盟审核、订单确认、服务质量沟通、供应商资金结算等。利用信息技术改进在线旅游服务商与上游供应商的信息互通机制，让供应商发挥更多的主动性，可以有效节约在线旅游服务商的运营成本。

一般情况下，大型供应商不愿意将库存管理信息系统接入OTA的数据处理中心，小型供应商根本没有管理信息系统，大多数都是通过电话或邮件告知OTA最新库存信息、确认订单的有效性等，工作效率低下。因此，要大力提升上游供应商的数字化、信息化管理水平，将其纳入在线旅游服务商或第三方统一的数据信息交换中心，通过信息技术实现二者数据的实时共享与交换。

2. 标准化

上游供应商旅游产品与服务的标准化生产是大批量网络销售的前提，也是保证在线旅游供应链质量的根本。委托代理关系中供应链管理极容易出现"逆向选择"和"道德风险"两种情况，前者是指契约签订前委托方发出虚假的供求信息以获取订立契约机会的行为，后者是指达成契约后代理方履行契约时出现的败德行为，旅游供应链中也存在这种现象。为了能够确保代销服务与产品的品质，维护良好的市场声誉，在线旅游服务商必须为上游产品制定质量标准体系和服务监督体系。因此，大力推行在线旅游服务商制定的服务流程和产品质量标准，实时监督供应商的行为，成为在线旅游服务商控制线下质量的重要任务。

（二）内部整合系统化、精细化、移动化、平台化、专业化

OTA内部整合是整个旅游供应链整合的核心所在。OTA的内部整合表现为企业内部的自主创新，通过产品研发、流程优化、技术创新、知识管理等实现技术、服务、战略的升级。内部整合的主要路径包括系统化、精细化、移动化、平台化、专业化。

1. 系统化

系统化主要是指OTA通过建立和完善内部管理信息系统来实现业务流程的自动化和标准化，包括客户关系管理系统、分销管理系统、订单处理系统、库存管理系统、收益管理系统、个性化推荐系统、AIGC（Artificial Intelligence Generated Content，生成式人工智能）咨询系统等，这些系统能帮助企业更高效地管理客户信息、处理订单和调配资源。

2. 精细化

精细化主要是针对旅游服务流程的任务分解与质量控制，构建一套符合企业实际的精益服务体系，以提高服务质量和运营效率。OTA通过数据分析、人工智能等，对客户需求的细致研究、服务流程的细分以及对市场趋势的精准把握，从而提供更加个性化和精准的服务，更合理地分配资源。

3. 移动化

随着智能手机的普及，移动化成为OTA发展的重要方向，它能使在线旅游服务覆盖旅游全过程，较好地满足游客的全程服务需求。移动化意味着OTA需要开发和优化其移动应用程序，采用更轻量级的组件化和服务化技术架构，以便用户能够通过手机轻松访问服务、预订旅游产品，并实时接收信息和进行更新。

4. 平台化

平台化主要是指OTA通过技术创新，如使用API（Application Programming Interface，应用程序编程接口）来实现不同系统和服务之间的无缝连接，提高效率和自动化水平；整合各种旅游产品和服务，提供一站式的解决方案，满足用户从搜索、预订到支付的全方位需求。更重要的是，平台化能使OTA构建一个旅游生态系统，其中包括各种旅游资源供应商、相关服务提供商和其他利益相关者，共同创造价值。

5. 专业化

专业化主要是指OTA在特定领域或服务上深化其专业知识和技能，如组建包括旅游顾问、客户服务代表、技术专家等在内的专业团队，提供更加专业和深入的服务。这包括对特定旅游目的地、特定旅游活动的专业知识进行深入了解，或者是在某一旅游服务领域（如豪华旅游、探险旅游、生态旅游等）提供专业服务，与供应商建立更紧密的合作关系，提高产品和服务的质量。

（三）顾客整合社区化、群分化

1. 社区化

社区化最主要的目的是通过互动留住用户，这是OTA拥有足够稳定客源的重要保障。社区化将极大地增加用户黏性，人们在旅游前可以通过社区获得相关的信息，可以同已经购买了该商品的用户分享体验，从而为用户的购买决策提供帮助。同时，社区成员的管理如消费积分奖励、点评奖励、分享奖励等，能够激发用户的再次购买行为。例如，Tripadvisor以为用户提供酒店评论、酒店受欢迎程度索引、高级酒店选择工具、酒店房价比价搜索以及社会化的旅游图片分享和在线驴友交流等服务为核心内容，将用户团结起来，成为全球极受欢迎的旅游社区。

2. 群分化

群分化是指在标准化的基础上，根据一部分客户的需要，对产品或服务进行部分调整，为不同的中高端客户群提供菜单式或个性化产品，提供有针对性的资讯服务。在线旅游产品与服务的群分化如自驾游、自助游、修学旅游、银发旅游以及高端定制旅游，会导致旅游者的群分化。旅游者会因相同的旅游需求而形成群组，从而便于在线旅游服务商能够提供群分化、菜单式的服务，最终实现为旅游者提供大规模、个性化的定制式服务的目标。现阶段来看，群分化有利于OTA制订具有竞争力的计划以及可持续发展的业务模式，使自己区别于竞争对手。

以OTA为核心的在线旅游供应链整合路径分析如图5-9所示。

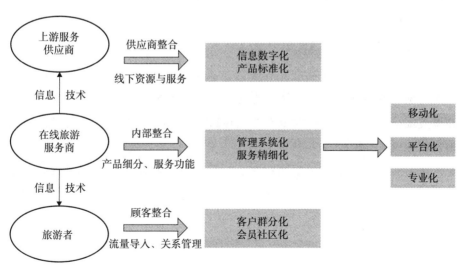

图5-9 以OTA为核心的在线旅游供应链整合路径分析

三、在线旅游供应链整合的策略选择

供应链整合问题贯穿于供应链的成长与发展的全过程，供应链整合带来的绩效提升效果各不相同。学者们围绕供应链整合对企业绩效的影响展开了深入研究，陈炜、史红（2007）对比了供应链在整合与非整合状态的利润指标，证明了供应链整合能使其达到长期总收益的最大化[①]；许德惠、李刚、孙林岩等（2012）通过对环境不确定、供应链整合与企业绩效关系的实证研究，发现供应链整合对企业绩效有正面提升作用[②]。因此，供应链整合是非常必要的。在线旅游供应链的整合需要考虑市场、技术、人才、资本等多种因素，不同的核心企业领导者会选择不同的策略。因此，以在线旅游服务商为核心的供应链整合策略，在不同战略选择的企业之间、供应链的不同发展阶段存在着较大的差异。

（一）核心企业不同战略布局的整合策略

OTA模式是一种建立在委托代理关系上的商业模式，然而网络和通信技术的发展，使得各行各业"去代理商"的趋势日益明显。网络代理商要想在供应链中生存，必须能够创造应有的价值。面对激烈的竞争和生存压力，在线旅游服务商要么采取聚焦战略，要么采取扩张战略。聚焦战略是从做专、做精、做细中获得增值收益，扩张战略则是从做大、做强、做广中获得综合收益。

1. 专业型OTA的供应链整合

旅游业是一个产品标准化程度低、服务品质很难控制的行业，信息技术对传统旅游业务的各个领域都能进行改造，因此提供了很多的创业机会。在垂直细分领域涌现出一大批专业型OTA，如穷游网专注于出境游旅行指南和旅游攻略领域。

从在线旅游企业的发展历程来看，大部分在线旅游企业都是聚焦于旅游中的某个垂直细分领域，与线下旅游资源及服务形成了良好的合作关系，

[①] 陈炜,史红.供应链整合与非整合状态下的利润比较[J].现代管理科学,2007(1):48-50.
[②] 许德惠,李刚,孙林岩,等.环境不确定性、供应链整合与企业绩效关系的实证研究[J].科研管理,2012,33(12):40-49.

建立起可靠的服务质量保障体系，从而在细分的目标市场中保持相对竞争优势和建立竞争壁垒。

2. 综合型OTA的供应链整合

综合型OTA主要围绕旅游过程中的所有需求提供一站式旅游服务。旅游活动中的需求具有很强的关联性，同时消费经验对在线旅游的重复购买决策有较强的影响，旅游中的核心消费会影响相关服务的购买决策；此外，综合型OTA利用信息分享、知识共享、社区运营与营销等手段能够对用户产生黏性，能够挖掘用户的服务需求并向其推荐相关服务。因此，综合型OTA主要是利用多元化的经营业务获得综合竞争优势，如携程、飞猪、同程、途牛等。

综合型OTA主要围绕机票、酒店、度假旅游等标准化程度相对较高、市场需求量大且消费分散的领域开展多元化经营，通过门票、娱乐、购物等带来主营业务的增长。因此，其供应链整合以主营业务的同心多元化和相关联业务的水平多元化为主，通过促进用户的相互转化不断提高市场占有率。

（二）核心企业不同成长阶段的整合策略

根据企业生命周期理论，在不同的成长阶段，供应链企业的实力决定了其所能掌控的线下资源和市场总量，也决定了企业在供应链中的地位高低和权力大小。只有当供应链企业能够创造足够的服务价值时，它才能逐渐上升为供应链的主导者。

1. 创立和成长阶段

在创立和成长阶段，大多数OTA都以标准化的线下资源和服务积聚为主，并将这些代理的产品和服务推广到市场之中。为了能够获得足够的在线旅游客户，增加人气，OTA一方面积极发展注册会员使其转化为消费者，另一方面通过在线旅游媒体（如微博、微信等）营销、垂直搜索引擎等获取潜在的消费者。

2. 壮大与成熟阶段

在壮大与成熟阶段，OTA则主要以线下旅游产品与服务的线上组合设计、集成创新为主要任务。OTA通过与互联网门户网站、搜索引擎、网络媒体等战略合作，扩张网络入口、塑造企业品牌以获得更多的潜在用户流量；通过大数据分析深度挖掘在线旅游者的潜在消费需求，并向旅游者推荐个性化、定制化的旅游服务信息及其增值服务，提高用户需求和服务供给的匹配率，最终实现将网络流量转化为经济收益的目标。

第六章　OTA主导的在线旅游供应链关系协调机制

以在线旅游服务商为核心的旅游供应链中，供应商和代理商之间形成了典型的委托代理关系。二者之间形成了以利益、契约、信任为纽带的合作博弈关系，但由于旅游的季节性很强以及博弈双方实力的变化，这种关系会在各自效用最大化的驱动下产生冲突。尤其是在网络环境下，旅游者在线评价的公开化和社交网络传播，不仅会给潜在旅游者的购买决策提供参考，造成供应链需求的不平衡性，还会给供应商和代理商的声誉造成影响，这对供应商和代理商之间的合作关系造成了新的压力。杨晶、黄福才（2012）提出了基于产品流、信息流和资金流的旅游供应链多元协调机制。杨丽（2013）从解决旅游产品同质化问题出发，建议构建有效的旅游供应链运作模式，以缓解旅游业中的企业利益冲突和减少机会主义行为，并从信任、利益和激励三个方面提出了旅游供应链的协调机制。在线旅游服务商作为供应链上的核心企业，如何发挥中心作用与供应商建立稳固的合作关系？如何提高供应链的稳健性和抗风险能力？本章将围绕这些问题，对供应链委托代理双方的关系协调进行研究。

第一节　在线旅游供应链委托代理关系的基础与冲突

20世纪70年代，斯蒂芬·罗斯（Stephen Ross）、迈克尔·詹森（Michael Jensen）和威廉·麦克林（William Meckling）提出的委托代理理论被广泛地应用于各种组织活动中。在线旅游供应链中，委托人（上游供应商）赋予代理人（在线旅游服务商）一定的旅游产品与服务的分销权限，从而形成了旅游者和在线旅游服务商、在线旅游服务商和上游供应商之间的委托代理关系。旅游供应链可以看作由旅游企业（景区、酒店、旅行社等）形成的有机集合体，但每个企业只涉及整个产品与服务生产的若干个环节（涉及研发、生产、销售、交付、售后等），专业化分工使得供应链上企业的独特能力相互强化，从而形成企业活动之间的相互依赖，那么也就需要组织间的制度安排对其进行协调[①]。郭雅琴（2009）分析了网络旅游代理商形成的动力机制，从经济学交易成本理论来看，这种委托代理关系存在的主要原因有改善信息不对称、节省交易费用、创新经营方式等[②]。

由于旅游商品与服务的无形性、生产与消费的同步性、异地性等原因，消费者无法提前体验旅游产品。在信息不对称的情况下，旅游者的认知水平有限。在不清楚旅游产品质量高低的情况下，大多数人会从理性的角度出发按照市场中间价格进行选择，高质量的旅游服务因得不到市场认可而退出市场，继而产生降低服务质量的杀价竞争。这种行为经过多次循环后，低质低价的旅游产品将充斥市场，产生劣品驱逐良品的后果，市场会陷入恶性竞争之中。最终的结果是旅游市场失灵，旅游业的健康发展受到影响。信息不对称性、代理结果不确定性和契约不完备性是委托代理关系赖以形成的根本经济特征，正是这些属性使得委托代理关系双方需要开展合作与博弈，如何实现整体和各自收益的最大化是博弈双方关注的焦点。

一、建立委托代理关系的基础

（一）信息不对称

由于旅游要素的多样性、旅游活动的异地性、个体投资的有限性等因素，旅游企业之间相互分工协作在所难免，委托代理成为旅游业中的一种普遍采用的经营方式。在线旅游服务商具有技术和市场优势，可通过信息技术帮助上游供应商分销产品与服务，化解旅游产品与服务不能储存而造成的资源闲置，增加供应商的总体收益；上游供应商具有产品供给优势，可为在线旅游服务商提供具体的旅游产品与服务，为旅游者提供面对面的服务，保障在线旅游服务商产品的生产供应。

---

① 朱彬,赵林度.企业网络化与关系治理机制探讨[J].现代管理科学,2005(10):25-27.
② 郭雅琴.网上旅游代理商的形成机理研究[D].北京:北京交通大学,2009.

Chris Anderson 在 2004 年提出了长尾效应理论（The Long Tail Effect），该理论用于揭示产品与需求的不均衡分布状态，大多数的需求会集中在头部，而分布在尾部的则是个性化的、零散的、少量的需求，若将所有非流行的市场累加起来就会形成一个比流行市场还大的市场，其根本就是强调"个性化""客户力量"和"小利润大市场"。旅游资源和顾客需求的分散性，使得旅游市场也存在长尾效应。旅游产品供给市场中的长尾效应如图 6-1 所示。

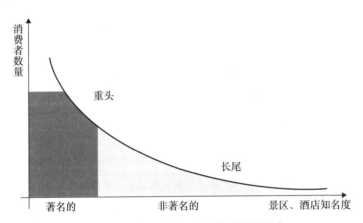

图 6-1　旅游产品供给市场中的长尾效应

电子化销售平台能够较好地解决服务类商品销售中的"长尾"问题。旅游消费人群中也存在这种效应，散客时代的个性化需求很难被满足，传统的大型旅游企业难以关注这些小微顾客的需求，而在线旅游服务商聚集的海量旅游产品与服务可以更好地满足他们，让顾客能够轻松、便捷地购买自己想要的产品与服务。同样，在旅游产品供给市场中，中小型供应商的营销需求往往也得不到满足。由于资金、技术等有限，中小型供应商无力从事市场营销，而在线旅游服务商为它们提供了展示和销售平台，巨大的在线用户访问量可以为这些中小型供应商提供客源。在线旅游服务商为爆发增长的散客需求和数量众多的中小型旅游供应商提供了信息对接平台，通过信息技术改变了旅游业的长尾效应。

（二）利益最大化

供应链中委托代理双方是围绕利益而形成的商业合作关系，上游供应商通过从在线旅游服务商获取客户订单进而获得产品销售利润，在线旅游服务商从供应商获得代理佣金。委托代理关系有多种模式，但不管是哪种模式，双方均在讨价还价中签订彼此能接受的合同，并在合同约束下行动、展开博弈，以实现对策均衡。因此，在产品与服务总销售利润约束的条件下，企业追求各自利益的最大化需要充分博弈。

旅游产品与服务销售的盈亏平衡解释如图6-2所示。

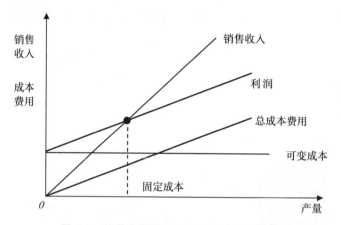

图6-2 旅游产品与服务销售的盈亏平衡解释

旅游产品与服务是一种特殊的商品，具有无形性、不可储存性以及生产与消费的同时性。不可存储性使得旅游产品与服务的销售必须及时，否则其商品价值就会白白流失。无形性使得旅游供应商的盈亏平衡点（Break Even Point，BEP）可以维持在固定成本以上的较低水平，不需要支付库存、滞销品资金占用的成本。这两大因素使得在线旅游服务商的委托代理职能具有商业价值，在线旅游服务商不仅可以增加产品的销量，还可以实现旅游产品与服务的及时出售，从而获得更多的销售利润。因此，委托代理能够使得双方都获得收益，这是其合作的基础。如在酒店客房代理销售方面，在线旅游服务商通常会提前预购一定数量的酒店房间，或者按照实际销售的房间数来提取佣金。

二、旅游供应链冲突的原因

Robbins（2002）从组织行为学的角度对冲突的内涵给予界定：人们觉察到不兼容的差异而产生的抵制或反抗，冲突的隐性表现为阳奉阴违、不满而沉默的抵制，显性表现为战争、罢工、怒吼等。有些观点认为组织中的任何冲突都具有破坏性,因而必须避免或消除冲突;有些观点则认为冲突是组织有效运行发展必不可少的东西,适当的冲突有利于提高组织绩效,它是组织进化发展中的一种积极力量。冲突的利弊取决于冲突的种类和性质,引发冲突的差异感是可以通过组织制度进行调解和改进的[①]。供应链冲突是供应链合作方在目标、利益、认识上互不相容,从而产生心理行为上的矛盾,进而导致抵触、争执或攻击事件。本书所研究的冲突属于供应链核心企业和其他企业之间的组织冲突。

(一)各自利益的最大化

供应链上的企业都是独立运作的市场主体,追求经济利益最大化是其最主要的目标。在激烈的市场竞争中,处于供应链优势地位的核心企业挤占其他弱小企业利益的情况时有发生。在线旅游服务商完全可以利用信息的不对称、技术和市场优势,在供应链中占据完全主导地位,制定有利于自己的利益分配方案,最终导致供应链整体收益偏离帕累托最优。而上游供应商则不甘长期处于偏低的企业利润水平,被网络代理商挟持生存空间。利益驱使会使其产生败德行为,降低旅游产品与服务的质量和档次,通过机会主义行为力图实现自身利益的最大化;甚至解除委托代理关系,寻找高于当前利润水平的其他分销方式或代理商。杨丽、张志勇、兰卫国(2012)分析了国内旅游市场利益冲突的复杂委托代理关系,一些利益导致了零团费、负团费、回扣、三角债等现象充斥旅游市场,严重阻碍行业的健康发展[②]。因此,供应链伙伴之间所谓的利益共享很难实现,利益分配机制的不公平或不完善经常导致合作关系破裂。

(二)合作需求的相对性

由于我国居民的休闲制度安排、旅游目的地自身的季节性周期等原因,造成旅游需求的淡旺季非常明显,这也使得位于淡旺季较明显的旅游目的地的供应商很难与代理商保持长期稳定的合作关系。在旅游淡季时,供应商希望代理商能够主动多代销产品,而代理商则会考虑利润率的高低对供

---

① 雷翔虎.供应链管理中的冲突分析及对策[J].物流科技,2009,32(9):90-92.
② 杨丽,张志勇,兰卫国.基于委托代理理论的国内旅游市场利益冲突[J].中国流通经济,2012,26(8):98-103.

应商进行择优选择；在旅游旺季时，代理商希望能够多代销产品，但供不应求的需求状况又很难保障代理商的利益。因此，旅游消费需求的淡旺季交替使得供应商和代理商双方并不能长期持续合作，相反还会对其合作的信任关系产生负面影响。这些外部环境导致的旅游供应链需求的不确定性和波动性，往往会成为委托代理双方冲突的触发因子。吕兴洋、徐虹、殷敏（2010）重构了基于渠道权力结构理论的旅游供应链渠道权力二元结构，研究了旅游供应链中供应商和代理商的关系，讨论了旅游淡季和旺季情境下的供应链渠道权力的转移，从而证实了这种权力转移对旅游供应链中供应商和代理商策略选择所产生的重要影响。

（三）博弈能力的动态性

委托代理中权力的不平衡导致了利益分配的不公平，委托代理双方博弈能力和地位的变化会引发供应链冲突。这种博弈能力的变化表现为两个方面：一方面，供应商选择代理商的机会增多，不再依赖于某一个或某些供应商，可以同时多渠道投放产品，自主配置不同代理商的代销份额，佣金高的代理商可能会被限制代理量，甚至实时调节各代理商的权限，相对而言，代理商的谈判议价能力也就下降了。另一方面，由于代理商分销能力和专业实力不断增强，有实力的代理商占据了网络信息平台的流量优势，完全控制了某些产品的网络分销渠道，相对而言，供应商的谈判议价能力也就下降了。这种博弈能力的动态转换可能会因新技术的诞生而突然出现，供应商和代理商的相互依赖程度、利益分配机制也会相应发生变化，造成供应链合作关系的重新博弈或终止。

（四）信息共享的外溢性

网络环境中的舆论压力和信用奖惩会对供应链的委托代理关系造成影响。在网络环境中，在线旅游服务商及第三方的在线点评网站会成为旅游者信息分享的中心和旅游者的虚拟社区。旅游者会将消费过程中的体验进行分享，包括了对优质产品的点赞和对劣质产品的批评，这些评价会对供应商和代理商的声誉造成影响，更为重要的是它还将作为潜在旅游者的决策参考，旅游者的在线分享和点评提升了旅游者信息不对称的弱势地位。大量的研究表明，在线评论和电子口碑对消费者的在线购买行为作用显著。

同时，旅游垂直搜索的兴起让旅游者可以对在线旅游产品的价格进行比较，价格在旅游者面前更加透明，成为影响购买决策的重要参考因素。代理价格的竞争会引发供应商和代理商的合作关系冲突，从而对供应链中委托代理关系的维系构成考验。

总之，委托人和代理人通常都会追求各自利益的最大化，在线旅游供应链的委托代理关系中同样存在着逆向选择和道德风险等共性问题，供应链成员之间的关系冲突不可避免。因此，通过建立信任关系、协调利益分配和实施激励措施等方式对供应链成员关系进行协调是非常有必要的。

第二节　基于信任管理的在线旅游供应链关系协调机制

信任是一把"双刃剑"，它是双向的，相互信任是对对方的尊重。然而，我国当前市场机制不健全，导致企业之间信任度较低，甚至产生了信任危机。这种不信任关系增加了交易成本，阻碍了信息共享。在信任和不信任两种情况下，博弈双方会采取完全不同的策略行为。因此，建立委托代理双方的相互信任是促使供应链关系协调的一种重要途径。

一、在线旅游供应链信任及其重要作用

（一）信任及在线旅游供应链信任

1.信任的内涵及其特征

国内外学者对信任的内涵进行了多视角研究，Moore（1998）认为信任的概念比较抽象，包含了尊重、承诺、诚实、公平等要义，可以分为政府、企业和个人的信任[1]；Shapir（1992）则将信任分为基于共识的信任、认知

---

[1] Moore K R. Trust and relationship commitment in logistics alliances: a buyer perspective[J]. Journal of Supply Chain Management, 1998, 34(4):24-37.

的信任和威慑的信任等①。在社会科学中,信任被认为是一种依赖关系、一种社会心理现象,产生于交往过程中,并作用于交往行为,具有经验性、非对称性和传递性,信任的程度有高低之分。

信任的特征如下。

(1) 信任具有经验性,它跟过去的行为或信任事件联系在一起。

(2) 企业间的信任是双向的,具有非对称性,单方面的信任会面临被信任一方滥用信任的风险,一旦发生将难以为继。

(3) 信任具有传递性,不信任氛围会影响到成员的行为。

(4) 信任需要管理,即要控制误信和过度信任带来的风险。

2. 旅游供应链成员信任

供应链成员信任是指各参与成员对核心企业公正维护供应链网络秩序、其他成员不存在机会主义行为、所有成员风险共担和利益共享的预期和信心②,服务供应链运作无形产品更需要信任。本书中在线旅游供应链成员的信任主要是指在线旅游服务商及其供应商之间形成的信仰及价值认同,这种预期和信心能使供应链成员在面对不确定性风险时,相信其他成员能够公平处事、恪守承诺、履行契约,从而促使双方更积极地完成合作。旅游市场中的逆向选择和败德行为频发,低价恶性竞争使得旅游供应链成员之间已经形成了不信任的氛围和产生了信任危机③。网络信息传播的开放性、互动性和多元性对于建立信任有利有弊,因此,基于网络环境的在线旅游服务商和供应商信任的建立和管理难度较大。

(二) 在线旅游供应链信任的重要作用

1. 减少供应链企业间的交易成本

合作伙伴间的信任、关系承诺对供应链的运营绩效产生显著作用④。旅游供应链企业间信任度的高低导致签约形式显著不同,低信任度的企业之

---

① Shapiro D L, Sheppard B H, Cheraskin L. Business on a handshake[J]. Negotiation Journal, 1992, 8(4):365-377.

② 王玲.基于博弈论的供应链信任产生机理与治理机制[J].软科学,2010,24(2):56-59.

③ 潘晓东,鄢章华,滕春贤.旅游服务供应链信任均衡研究[J].科技与管理,2011,13(4):31-34.

④ 潘文安,张红.供应链伙伴间的信任、承诺对合作绩效的影响[J].心理科学,2006(6):1502-1506.

间更多地采用预付账款和应付票据等成本较高的商业信用模式。相互信任有助于提高旅游供应链的合作效率，不信任则对双方利益的最大化会产生影响，如增加签约、履行合约、支付赔偿等成本。鄢章华、滕春贤、刘蕾（2010）的研究成果表明，信任能够提高供应链成员的合作效率，减少交易费用，增强供应链的灵活性和竞争力[①]。

2. 增强在线旅游供应链的灵活性

信任能够减少旅游供应链成员之间的摩擦，还能够增进旅游供应链成员之间的信息共享，提高在线旅游供应链的反应速度。在线旅游服务商以提供信息服务为中心，若不能取得上游供应商的信任，它将很难获取实时的生产与服务信息。在线旅游服务商与供应商采用先消费后结算的资金运作模式，在多次的重复交易中能够建立较好的过程信任，这种信任能够提高旅游产品与服务采购的及时性和灵活性，更好地应对突发事件。

3. 促进形成稳固的长期合作关系

信任能够消除在线旅游供应链成员之间的隔阂，增强成员相互之间的合作意愿，更有利于成员间建立长期稳定的合作关系。相互信任表明企业之间的合作较为愉快，核心企业一般不会放弃当前的合作伙伴而去选择新的合作伙伴。这种长期合作让双方更了解彼此，有利于更高层次信任的建立。选择新伙伴则意味着可能存在较大的风险，甚至还会影响供应链的运作效率。因此，信任对维系在线旅游供应链成员之间的长期合作关系作用明显。

二、在线旅游供应链信任的形成过程及影响因素

（一）在线旅游供应链信任的形成过程

1. 信任的三种类型

Zucker（1986）认为信任包括算计性信任、个人信任和制度信任三种类型，而按照相互信任的产生机制，信任有规范型、过程型和特征型等形式。

---

① 鄢章华,滕春贤,刘蕾.供应链信任传递机制及其均衡研究[J].管理科学,2010,23(6):64-71.

规范型信任,产生于公平公正的合作契约和规范的行为约束制度,以及对契约、制度的尊重和维护的意愿;过程型信任,产生于行为的连续性,双方在不断交往的过程中获取了更多对方的信息,积累了信任经验;特征型信任,产生于彼此在企业文化和社会背景等方面形成的相近行为准则和理念,这种特征随着信任程度的加深而逐步趋同。

2. 信任形成的过程

信任的形成始于建立规范型信任,然后通过过程型信任修正,最后进一步融合为特征型信任,三个阶段的螺旋上升式循环推动着互信水平的不断提高。[①]

在线旅游供应链成员信任的形成与发展过程如图6-3所示。

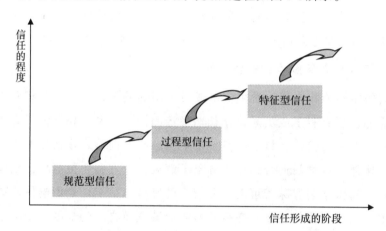

图6-3 在线旅游供应链成员信任的形成与发展过程

首先,在线旅游服务商通过制定详细的供应链方案和准则,有针对性地考察和选拔能力强、产品优的上游供应商,并在协商的基础上与之签订合作契约,初步建立规范型信任;其次,在线旅游服务商和供应商通过交易中的不断沟通以及契约的执行情况,强化对彼此的信任程度;最后,在线旅游服务商和供应商通过企业间的文化交流和知识学习促使彼此形成相互认同的企业文化和价值观,以及共同的奋斗目标,从而建立起特征型信任。在供应链合作发展过程中,规范型信任和过程型信任的增强能不断修

---

① Zucker L G. Production of trust: institutional source of economic structure, 1840-1920[J]. Research in Organizational Behavior, 1986,8(2):53-111.

正特征型信任，推动企业信任向更高层次的发展。

（二）在线旅游供应链信任的影响因素

从已有的研究成果来看，违约成本、合作收益、社会声誉以及市场监管是在线旅游供应链成员信任产生的重要因素，它们能够加深信任的程度。此外，贴现因子、合作期限、企业数量、感情因素等也在一定程度上发挥着影响。其作用主要体现在以下几个方面。

1. 违约成本

过高的违约成本会迫使潜在违约方减少机会主义行为、坚守契约承诺，违约成本是委托代理中的一方实施违约行为所造成的可期待利益的损失，违约可能会给违约方带来经济、制度、社会声誉等方面的惩罚。

2. 合作收益

高额的合作收益会驱使供应链企业向核心企业积极表达合作意愿，争取获得核心企业的信任，建立彼此之间的相互信任，良好的信任会创造更多的合作机会和带来更高的潜在收益；反之，较低的合作收益对建立信任的驱动力不强。

3. 社会声誉

良好的社会声誉会帮助企业较容易获得对方的信任。声誉是对企业长期行为的一种公众评价，是企业能否被信任的一种外在衡量标准。声誉会影响企业或个人的社会形象和社会资本，社会声誉是建立初步信任的重要参考。

4. 市场监管

完善的市场监管体系会约束企业的不诚信行为。监管主要是采用法律、行政规范等手段对企业诚信进行管理，通过将企业诚信纳入行业管理信息平台等方式，建立企业的信用档案，它具有较强的约束性和权威性。

三、在线旅游供应链信任实现机制

王玲（2010）提出了基于制度、善意与威慑共同治理的供应链成员信任机制；李长江、徐静（2005）分析了信任对合作的影响，探讨了供应链节点企业间实现信任的感情机制、法律机制和信誉机制。感情是建立和维护信任的一种保健因素，法律是有效惩治不信任违约行为、保护信任者利益的有效武器，信誉是长期重复博弈结果的重要考量指标，感情和信誉都有助于建立信任。社会资本理论认为，企业利用它在组织、社会网络中所处的特殊位置获取利益的能力，是相对经济资本和人力资本的概念而言的，其表现形式包括社会网络、规范、信任、权威、行动的共识以及社会道德等方面，这些都会影响在线旅游供应链成员获取社会资源的能力。社会资本能够催生信任规范、传递信任，本书从社会资本理论出发，提出了基于评价、制度、信誉的在线旅游供应链成员信任协调机制。

（一）基于评价的在线旅游供应链成员信任协调机制

基于评价的信任协调机制，是指通过程序化、标准化的现代企业管理方式来建立和管理信任关系，增强组织行为的规范性。从供应链内部管理出发，建立和完善供应链成员的评价、选择与淘汰等管理机制，这有利于供应链成员在足够的信任建立之前提供一种程序化的初始信任。重点是从源头上保障供应链成员来源的可信任度，降低未来出现不信任的风险。首先，在线旅游服务商需要根据供应链运行的基本要求制定合作伙伴的评选标准，如规模、实力、社会声誉等；然后，按照程序对供应链成员进行系统的评估，选择合适的供应链成员，提升相互之间的信任度。同时，制定供应链运作过程中的诚信考核标准和淘汰机制，通过为上游供应商提供丰富的社会资本等途径建立长期合作机制。

（二）基于制度的在线旅游供应链成员信任协调机制

基于制度的信任协调机制，是指通过法律法规、行业准则等具有"硬"约束力的外部因素来营造信任氛围，奖励信守承诺的守约者，威慑并惩治失信的企业行为。这些制度建立在众多企业根本利益的基础之上，是行业乃至社会成员必须共同遵守的行为准则。法律法规、行业准则等能够切实维护契约的权益性、调适市场中的失信冲突行为，有利于建立起公平、公正的市场环境，让委托代理双方都能够获得建立在制度保障基础上的"安全感"。因此，这种协调机制要建立日渐完善的法律法规等制度体系，让企业在市场中的行为有可遵循的"准绳"。在线旅游服务商需要承担起行业准则的制定工作，引导市场竞争逐步走向规范；同时，要组建行业管理协会，加大执法力度，对市场中的失信行为给予严厉的处罚，保护诚信者的合法利益，并对机会主义行为形成一定的威慑。

（三）基于信誉的在线旅游供应链成员信任协调机制

基于信誉的信任协调机制，是指从企业社会形象、品牌、口碑等具有"软"约束力的外部因素来影响信任行为。信誉是消费者对企业诚信行为的感知，在市场中传播扩散后会形成对企业的一个整体主观评价，这种评价逐渐成为潜在消费者做出购买决策的重要参考，对企业失信行为能够产生监督和制约效果。网络环境下，消费者对在线旅游产品与服务的点评和分享在一定程度上折射出企业的服务态度和社会信誉，并且能让企业信誉得到高效传播，因此，以在线旅游服务商为核心的供应链企业需要结成联盟，维护共同的社会声誉。其一，在线旅游服务商需要实施超强品牌战略定位，在消费者心目中形成较高的知名度和美誉度，利用品牌优势调整其与供应商的合作关系；其二，在线旅游服务商要建立供应商信誉等级评价机制，引导消费者对产品和服务进行真实的评价，建立起供应商的社会资本体系，让更多的消费者来进行评价，从而实现对供应商的间接监督与管理。

第三节　基于利益均衡的在线旅游供应链关系协调机制

合理公平的利益分配机制是委托代理关系中博弈双方所期望的，利益分配不仅取决于核心企业的权力地位、贡献的大小，还取决于利润的多少。利益分配方案一般都是委托代理双方经反复磋商后，通过提前签订契约的方式来确立的。契约中需要明确具体的合作方式，如进货量、进货价格、利润分配比例等。

一、在线旅游供应链合作收益的测算

（一）合作是委托代理整体最优收益的均衡状态

在信息不对称的假设前提下，合作是实现长期整体收益最优的博弈均衡状态。在"囚徒困境"的博弈模型之中，两人相互不能沟通的背景严重影响了个人理性和集体理性，只有合作才能实现帕累托最优，这证明个人最佳选择并非团体最佳选择。

1. 市场需求不确定环境下的整体最优

在一般的市场竞争环境中，在线旅游服务商和上游旅游供应商双方都不能确定未来的产品销售情况，彼此对市场的判断也存在信息不对称的情况。旅游市场需求的动态性使得代理量成为双方博弈的焦点，也成为能否获得整体最大收益的决定性因素。

在线旅游产品委托代理两方博弈的行为-收益矩阵如图6-4所示。

	在线旅游服务商	
	合作	不合作
上游旅游供应商 合作	（大胜，大胜）	（负，小胜）
上游旅游供应商 不合作	（小胜，负）	（小胜，小胜）

图6-4 在线旅游产品委托代理两方博弈的行为-收益矩阵

若代理量超过市场需求量，在线旅游服务商则会承受一定的风险和亏损，同时也会对供应商的机会收益造成影响；若代理量小于市场需求量，在线旅游服务商则没能实现收益最大化。因此，遵循"囚徒困境"的帕累托最优解，建立信息共享的合作沟通机制是取获得整体最大收益的保障。

2. 旅游淡旺季交替的周期性重复博弈

从旅游淡旺季交替的周期性来看，旅游需求量的季节性大幅波动会使得委托代理双方的合作关系产生变化。从短期利益来看，供应商想在淡季与代理商保持紧密的合作关系，在旺季取消与代理商的合作关系，从而保证其利益的最大化。但是，这样的策略行为会损害代理商的利益，代理商会对其产生报复行为，合作关系也不可能再持续下去。因此，从长期利益来看，供应商和在线旅游服务商的合作关系应建立在长期的合作基础之上，这样才能保证整体利益的最大化。

在线旅游产品委托代理单周期博弈的行为-收益矩阵如图6-5所示。

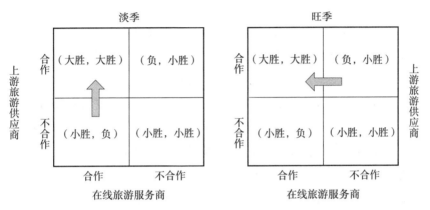

图6-5 在线旅游产品委托代理单周期博弈的行为-收益矩阵

吕兴阳、徐虹、殷敏（2010）的研究也证实，在旅游需求淡旺季单周期的博弈中，选择（合作，合作）策略行为是帕累托最优，同时也是该行为-收益矩阵的纳什均衡点[①]。从无限次博弈的结果来看，这与双周期博弈的一般合作状态（合作，合作）策略选择完全一致，总体上还是对供应商有利的。也就是说，旅游旺季供应商追求短期利益造成的供应链冲突行为，从长期整体利益最大化来看是不明智的，只有建立长期稳定的合作关系，才能保证旅游供应链的稳定性，实现双方长期利益的最大化。

（二）利用经典报童理论测算整体最优收益的解析

供应链契约协调研究中最常用的基本模型为报童模型，即一位报纸零售业的业主（报童），每天早上要决定购进报纸的份数，虽然可以大致预测每天的销量，但并不可能让每天的订购量刚好满足当天的需求量，可能会

---

①吕兴洋,徐虹,殷敏.基于渠道权力理论的旅游供应链企业关系博弈分析[J].旅游学刊,2010,25(12):23-27.

出现全部卖光,也可能会出现卖不完而被报社回购的情况。因此,在需求不确定的情况下,要实现报童和报社整体收益的最大化就要确定最优订货量,也就确定了期望的最大收益总额。从已有的研究成果来看,大量学者讨论了如何解决"双边际效应"导致的效率丢失问题,以及如何设计一个契约来处理供应商和代理商的协调问题,如"批发价+特许权"契约、回购契约、数量柔性契约、销售回扣契约、数量折扣契约、收益分享契约等[①]。

要获得整体利润最大化,首先要计算出约束条件下的最优订货量。在线旅游产品的代理同样存在上述问题,不过旅游产品的易逝性、不可存储性及生产与消费的同步性、需求季节波动性等特征使其具有时令产品的鲜明特征,并且不能加以回购。崔诗远、肖江南(2008)构建了面向离散模糊市场需求的报童模型,并给出了具体求解步骤,该方法较好地解决了用离散符号距离定义作为新的离散模糊数反模糊化难题,从而可以用公式计算出最优订货量和整体最大的利润[②]。

设LR型模糊数 $\xi=(\xi_1, \xi_m, \xi_n)_{LR}$,其隶属函数为

$$\mu_\xi(x) = \int_{\xi_1 \leq x \leq \xi_m} \frac{L(x)}{x} + \int_{\xi_m \leq x \leq \xi_n} \frac{R(x)}{x}$$

则模糊函数 ξ 的符号距离形式描述为

$$d(\xi) = \frac{1}{2} \sum_{\min(\mu_i) \atop i=1}^{\mu_j} [(\xi_{La} + \xi_{Ra})\Delta\alpha]$$

当订货量为 Q($Q=d_j$, $j=1, 2, \cdots, n$)、需求量为 x 时,决策者的利润计算表达式为

$$F(Q,x) = C_p \min(Q,x) - C_h \max(0, Q-x) - C_k Q$$

其中,C_k 为单位产品的进价;C_p 为其售价;C_h 为未卖完商品的费用分摊系数。

不同进货量产生的模糊利润对应的隶属度不同,根据模糊集理论做取大运算,便可以得到在不同订货量状态的模糊利润 $\overline{F}(d_j)$ 及其隶属度表,

---

[①]朱晓东.报童模型下的供应链契约研究[J].江苏科技信息(学术研究),2011(11):110-112.

[②]崔诗远,肖江南.离散模糊报童问题的符号距离法及其在旅游时令产品中的应用[J].物流技术,2008(4):153-155.

其中 d_j 为模糊市场需求量状态为 j 时的取值。

因此，不同订货量状态下的整体利润最大化，即取各符号距离 $\overline{F}(d_j)$ 最大值 $\max\limits_{i=1}^{n}\{d(\overline{F}(d_j))\}$ 对应的订货量为最优订货量。

二、在线旅游供应链的利益分配方案

张钊昕（2007）认为收益分配方案的制定取决于收益分配要素，即成本和风险。因此，必须建立与成本、贡献、风险等因素对等的公平合理的利益分配机制才能使委托代理双方都满意。在线旅游服务商在供应链中处于核心地位，供应链成员利益分配由它来主导实施。传统的收益分配方法主要有作业成本法、Shapley值法、核仁法、τ 值法和综合收益协商法等[①]。

20世纪50年代，Shapley提出了非策略多人合作对策的解决办法。此后，Shapley值法成为解决合作收益分配、费用分摊的常用方法，受到了广泛欢迎并得到了大量应用。其基本思想是根据参与者在合作中产生的经济效益增值的重要程度（边际贡献）来分配合作收益。杨丽、李帮义、兰卫国（2009）对旅游业中组团社和地接社采用联合定价产生的额外收益分配问题进行了讨论，认为Shapley值法是解决这种分配多人合作利润的优选方案[②]。这种利益分配方法也适用于本书关于在线旅游委托代理中的利益分配研究。

合作伙伴的利益分配数量被称为Shapley值，用数学符号记为

$$\phi(v)=(\phi_1(v),\phi_2(v),\cdots,\phi_n(v))$$

在总人数为 N 的博弈合作中，第 i 个参与人获得的利益分配数值可以通过下面给出的数学推导公式计算：

$$\phi_i(v)\sum_{s\in S_i}w(|s|)[v(s)-v(s/i)],\ i=1,2,\cdots,n$$

其中，$w(|s|)=\dfrac{(n-|s|)!(|s|-1)!}{n!}$，$S_i$ 是集合 N 中包含成员 i 的所有子集，

[①] 张钊昕.基于博弈论的三级供应链收益分配研究[D].重庆：重庆大学,2007.

[②] 杨丽,李帮义,兰卫国.基于旅游产品定价的旅游供应链利润分配协调研究[J].生态经济,2009（2）：106-108,124.

n 为集合 N 中的元素个数，$|s|$ 是子集 s 中的元素个数，$v(s)$ 为子集 s 的收益，$v(s/i)$ 是子集 s 中除去参与人 i 后可取得的收益。

三、在线旅游供应链利益均衡实现机制

供应链上的各利益主体之间是一种共生合作、相互依存的关系，建立博弈双方都能接受的利益分配机制是委托代理关系的核心。委托代理关系达到均衡必须具备以下两个条件：一是参与约束，代理方履行合同后所获收益不能低于某个预定收益额，委托方给予代理方的收益，不能低于同等条件下其他委托人所能给予的收益；二是激励相容，代理方按合同进行活动以其效益最大化为原则，并保证委托方预期收益也能最大化。

因此，在在线旅游服务商占优的情况下，它在获取相对多的收益时，必须保证供应商的收益不低于企业盈亏平衡点。在线旅游服务商作为核心企业，在选择哪些企业作为合作伙伴以及与这些企业协商利润分配关系等方面拥有主动权，必须充分发挥其主导作用，使在线旅游供应链合作伙伴就利益分配问题达成共识。

（一）固定租售数量的风险收益机制

以在线旅游服务商为核心的供应链体系中，在线旅游服务商具有很强的市场分销能力和收益管理能力，它们通过数据分析能够测算出接近市场实际需求量的最优订货量，并且对销售风险具有一定的把控能力。因此，它们通常会代理全年固定数量的旅游产品与服务，从批量采购中获得相对低的购入价，从而有利于在后期销售中制定灵活的市场销售价格，加快产品的销售速度以确保获得代理佣金。在此机制中，在线旅游服务商转移了供应商旅游产品的销售风险，因此会获得相对多的收益，但它仅仅在供应商分销不畅的情况下较为有效。

（二）佣金上下浮动的动态激励机制

对供应商而言，实施差异化的佣金激励机制，通过佣金浮动调节代理商的积极性和代理量，能够有效地解决旅游产品与服务季节性强的问题。供应商可以在合作契约中协商制定一个淡旺季相结合的代理方案。在旅游淡季，为了激励代理商销售更多的旅游产品，供应商可以向上浮动代理佣

金，并与代理商联合开展促销活动、加大旅游宣传投入，如打折、团购、组织开展主题活动等，从而使供应商在淡季获得相应水平的收益。在旅游旺季，供应商可以向下浮动代理佣金，相应地减少营销宣传和代理商数量，通过加强直销能力提高自身的收益；代理商则可以通过同时代理销售其他企业的旅游产品获得总体规模效益。

第四节　基于社会资本积累的在线旅游供应链关系协调机制

廖成林、任小秀、姚伟键（2006）认为供应链社会资本是一种有价值且稀缺的资源，能够让企业产生持续的竞争优势；张慧颖、徐可、于溟川（2013）通过实证发现企业的社会资本对供应链整合和产品创新有积极影响。网络环境拓展了社会网络及社会资本的边界，黄荣贵、骆天珏、桂勇（2013）认为网络和社会资本之间存在多面向（正向和负向）的关系；曾凡斌（2014）证实了互联网的不同使用方式对社会资本的形成存在差异，社会交往型网络使用方式有助于增加在线社会资本。因此，探讨网络环境下供应链的社会资本对在线旅游供应链成员的关系协调非常有意义。

一、在线旅游供应链社会资本的生成方式

（一）在线旅游供应链社会资本的构成

在线旅游供应链包括个体和企业两个层面的社会资本。

消费者个人通过在线旅游服务可以建立基于旅游兴趣、经历和知识的社交圈子，消费者从中可以获得有价值的旅游消费信息，也可以将自己的旅游消费经历分享给其他消费者，从而形成旅游者的个人社会资本。

1985年，社会学家格兰诺维特(Granovetter)首次提出了企业社会资本的概念。供应链中的企业通过在线旅游平台、社区等与上游供应商和消费者建立起商业关系网络。维护供应链成员之间的和谐共生关系、建立消费者对企业的信任等都对供应链企业运营产生作用。

（二）在线旅游供应链社会资本的产生

在线旅游服务商构建了基于信息化平台的生产者与消费者新型社会关系网络。互联网特有的分享性、互动性极大地杜绝了旅游供应链信息不对称情况的出现，旅游攻略、旅游分享与点评、旅游社区等产生了知识共享、人际关系以及信誉等社会资本。嵌入互联网的社会网络补充了传统的社会资本，它将成为旅游供应链成员行为约束、激励的新来源。

在线旅游供应链社会资本的产生方式如图6-6所示。

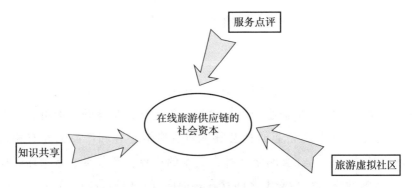

图6-6　在线旅游供应链社会资本的产生方式

1. 知识共享

旅游攻略、旅游者信息分享对在线旅游的潜在消费者形成了强大的吸引力，甚至成为其决策的重要参考依据。因此，在线旅游平台中的旅游达人、典型客户与在线旅游用户之间形成了一种虚拟的网络关系，在线旅游用户通过旅游达人和典型客户的旅游知识分享、消费经验能够获得有价值的旅游信息，并且还可以进行在线问答、互动等。

2. 服务点评

服务点评是在线旅游发展的重要动力和外部条件，网络环境中的在线旅游供应链成员被嵌入更为复杂、约束力更强的社会关系。由消费者对产品与服务进行评价的营销模式消除了由生产者或代理商直接营销的弊端，第三方评价更真实客观，也更容易获得消费者的信任。同时，这种评价在网络上的公开，使得旅游产品与服务的供应商、代理商和消费者都将拥有其在供应链中的社会资本。

3.旅游虚拟社区

旅游虚拟社区的运营与管理能够对用户产生黏性,同时还能促进用户之间的知识共享、推动代理商和供应商的服务改进,从而能够促使在线旅游供应链成员社会资本的增加。旅游虚拟社区和现实社会的互动能够构建更加庞大的社会关系网络,旅游虚拟社区能够促进供应链成员社会资本的积累,发挥在线旅游服务商和上游供应商的舆论监督作用。

二、在线旅游供应链的社会资本协调机制

(一) OTA主导下的社会资本协调机制

通过建立在线旅游信息平台和旅游社区,在线旅游服务商(核心企业)将供应链成员之间的关系培育成了一种社会资本。对消费者而言,OTA提供的产品与服务的数量越多,与上游供应商的合作关系越密切,就越能吸引消费者;对上游的服务供应商而言,OTA所拥有的潜在消费者越多,以及与在线旅游消费者的黏性越大,就越能吸引供应商。因此,OTA成为构筑供应链社会资本的中心。

消费者、上游供应商都是通过和OTA建立联系而发生交易,其中需要OTA对供需双方的关系进行匹配。OTA利用信息技术和数据挖掘技术开展即时预订服务、用户需求服务推荐服务等,能够对供应链成员之间服务的衔接、供应商和消费者之间服务关系的建立进行调控,从而形成真实、有效的社会资本。

(二) 基于在线分享与点评的社会资本协调机制

在线分享来自用户生成内容(UGC),旅游者游记、点评内容的描述及其结构化编排能够传递出旅游供应链企业的信息和信誉,从而对旅游社区中潜在消费者产生影响。在旅游社区、旅游攻略中增加产品与服务的曝光度、开展软性营销能够提高知名度,建立起潜在消费者和供应链企业之间的联系,从而使企业获得更多的客源。

基于第三方在线旅游信息分享与评价平台的社会资本协调如图6-7所示。

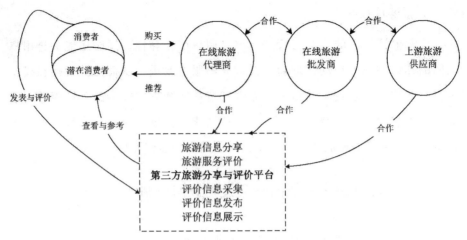

图 6-7　基于第三方在线旅游信息分享与评价平台的社会资本协调

　　与综合型 OTA 的服务点评相比,专业旅游点评网的核心内容来源于历史消费者,其点评行为不受被点评对象的影响[①],已逐步发展成为一种新的在线旅游业态,如大众点评网等。消费者的评价有助于建立在线旅游供应链企业的信誉,让优秀的供应商能够更容易被感知,让服务质量差的供应商被冷落。

---

① 徐峰,丁骏,侯云章.在线评论影响下的供应链合作模式研究[J].东南大学学报(哲学社会科学版),2013,15(4):52-56.

第七章 我国传统OTA转型中的在线旅游供应链优化策略

创新型在线旅游服务商的诞生以及跨界资本的涌入加剧了在线旅游竞争,前文针对传统OTA转型过程出现的问题和面临的挑战,对以在线旅游服务商为核心的旅游供应链模型构建、资源整合与关系协调进行了系统研究。供应链优化(Supply Chain Optimization)是指在有约束条件或资源有限的情况下的决策方案,包括战略、战术和经营三个层次。本章将从国外OTA发展的最新动态出发,全面分析Expedia、Tripadvisor、Priceline的发展模式与成功经验,并对我国的携程、途牛、同程、艺龙等OTA的供应链优化进行典型分析,试图从它们的转型发展战略与行动举措来探索在线旅游供应链优化的一般解决方案。

第一节 我国传统OTA转型的行业背景与问题透视

一、我国传统OTA转型的行业背景

(一)在线旅游传统业务竞争加剧

行业变局和新锐势力对在线旅游行业领先者构成了生存威胁。从当前的发展态势来看,我国的OTA已形成了如携程、艺龙、同程、途牛等一批各具特色的细分市场龙头企业,阿里、腾讯、百度、京东等互联网企业也通过资本运作方式介入在线旅游服务领域,培植了一批较具成长潜力的在线旅游企业。同时,国外OTA巨头Expedia等纷纷进入中国市场,国内去

哪儿、马蜂窝等在线旅游新模式快速崛起。在线旅游三大传统领域竞争加剧①。

1. 在线机票市场

2013年，中国机票行业总交易额约为3622.5亿元，中国在线机票市场交易额约为1544.6亿元，其中在线渠道交易额占比约为42.6%。其中，通过携程旅行网产生的机票业务全年交易额约占在线机票市场总交易额的30.3%，位居第一；去哪儿平台商户产生的机票价格竞争优势明显，增长迅猛。2015年10月，携程和去哪儿合并，行业竞争基本处于集中化阶段末期，携程、去哪儿、同程、艺龙等巨头地位基本确立。

2. 在线酒店市场

2013年，中国在线酒店市场交易额约为614.6亿元（约占酒店行业总交易总额的20.6%）。其中，通过携程旅行网产生的酒店业务全年交易额约占在线酒店市场总交易额的28.7%。近年来，平台类商户、团购网和酒店官网的快速增长对OTA产生了一定的冲击。

3. 在线旅游度假市场

2013年，中国在线旅游度假市场交易总额约为293亿元。其中，通过携程产生的旅游度假业务全年交易额约占在线旅游度假市场总交易额的23.3%。近年来，携程、去哪儿、飞猪、同程等OTA在门票、线路、租车等细分领域发展强劲。

（二）在线旅游运营商呈现多极化

在线旅游的巨大发展潜力吸引BAT（Baidu百度，Alibaba阿里，Tencent腾讯）等互联网巨头以及其他电商悉数进入，一站式在线旅游综合服务商携程有可能成为未来的"第四极"。

携程的布局是平台式、产业链式，囊括攻略、短租、休闲度假产品、租车、机票、特色酒店、商旅、收益管理（Property Management System，PMS）、旅行社、高端旅游、火车票预订、门票等资源。而腾讯、阿里和百度更多是将在线旅游嵌入其O2O大战略之中，在旅游的食、住、行、游、

---

①资料来源于劲旅咨询发布的《2013年中国在线酒店市场研究报告》。

购、娱等方面的延伸过程中向本地服务切入,如腾讯旗下的腾讯地图及其投资的大众点评和58同城、阿里旗下的高德地图、百度旗下的百度地图等。

(三) OTA的潜在竞争威胁

除百度、阿里、腾讯及携程外,线上线下整合、传统企业互联网转型都对OTA构成了竞争威胁。

2014年,一批有潜力的非上市在线旅游企业也受到各路资金的追捧。其中比较具有代表性的案例如下:

一是,腾邦国际以"商旅+金融"商业模式作为特色优势,2014年对厦门欣欣旅游进行了多次股份收购,试图进入在线旅游市场,通过丰富产品线来打造全国性的综合商旅服务商。

二是,众信旅游作为行业内主营出境旅游的领先批发商,2014年战略投资悠哉旅游网,目的是加强出境旅游产品线下资源和线上渠道的紧密结合,实现传统批发和线上零售、线下门店和线上资源的全面O2O资源整合。

三是,旅游百事通是以实体门店为主的线下旅行社连锁经营企业,2012年开始发展线上业务,通过在线商城、微信商城、移动商城、手机APP及第三方平台等开拓网上销售渠道,在网络销售方面向几大在线平台同时开放,在供应商方面全面放开非包价旅游产品免费进场的通道,旅游地产、旅游商品等都可以进入百事通的销售渠道,逐步向平台化方向发展;2014年引入战略投资者去哪儿,形成了线上平台和线下服务的互补,双方都在积极向O2O商业模式转型。

此外,中青旅等传统旅游企业正积极谋求互联网转型,旅游信息化进程的加速使得线下旅游资源与服务供应商试图绕开OTA。总体来看,传统OTA正经历着市场总体规模持续扩大、市场份额下滑、营业额稳步增长但利润缩减的艰难发展阶段。"价格战"、流量入口争夺战、目的地(线下资源控制权)争夺战成为当前在线旅游领域的三大焦点。这些重大变化迫使传统OTA必须从战略高度寻求转型升级的新思维、新途径。

二、携程的发展困境与转型透视

(一) 携程的快速成长历程

携程(CTRIP)创立于1999年,通过搭建信息平台建立了旅游需求方和航空公司、酒店、旅行社等供给方的双边数据库。成立初期的携程扮演着航空公司和酒店的"渠道商"角色,将在线机票、酒店预订作为主要业务,靠发放会员卡吸纳目标客户,同时后台依赖庞大的电话呼叫中心提供预订服务。随着业务量的扩大和注册会员的增加,携程将更多的酒店、旅游线路和航线纳入了自己的合作范围,通过供应链的系统集成能力实现了价值增值。凭借稳定的业务发展和优异的盈利能力,携程于2003年12月在美国纳斯达克上市。

携程倡导"精益服务"理念,在业内率先提出了"用制造业的标准做服务业"经营思想,建立了在线旅游预订服务的一系列标准化管理制度,逐步将传统旅游服务变成可传承、可复制的标准化服务,不断强化内部的管理和服务质量,为企业跨越式发展奠定了基础。1999年至2009年的十年间,携程从当初一个几十个人组成的"鼠标+水泥"的中介公司,已经发展成为拥有过万名员工,业务涉及几乎所有"在路上"范畴服务的重资产"巨无霸"。2009年,携程的营业收入达到21.2亿元,同比增长33.3%,归属于股东的净利润(不计股权报酬费用)为7.9亿元,同比增长38%。机票预订营业收入占2009年总营业收入42%,酒店预订营业收入占2009年总营业收入45%,机票和酒店预订营业收入总占比高达87%,占据携程总营收的绝对比例,旅游业务也呈现快速增长。

(二) 携程的发展困境与转型升级

1. 第一次转型(2004—2009年):从呼叫中心到线上预订

2003年携程赴美上市,这为携程进入新的业务领域和通过资本整合产业资源提供了资金支持。在业务拓展方面,2004年2月携程与上海翠明国际旅行社达成战略合作,获得了出境旅游经营权在国内经营旅游业务的资格,正式进入度假业务市场。在发展模式方面,携程度假产品逐渐向除"机票+酒店"组合外的导游、租车和门票等业务领域拓展。到2009年，携程已拥有12家旅行社（其中4家是国际旅行社），成为可口可乐、阿里、万科和宝钢等300多家国内外大型企业的差旅外包服务提供者，同时度假业务的营业收入比重为8%左右。

为了保证与线下旅游服务提供商之间的密切关系，携程又以一种新的合作形式——参股或者控股酒店来整合上游的旅游供应商。自2009年开始，携程展开了一系列的收购兼并行动。2009年5月，携程通过股份增资成为如家第一大股东；2009年8月，携程控股中国台湾最大网络旅游服务提供商"易游网"；2010年1月，携程宣布收购香港永安旅游90%的股权等；2010年3月，携程分别签署收购汉庭约8%的股份和首旅建国15%的股份的正式协议。携程逐渐形成了以酒店预订、机票预订、度假预订和商旅管理四大业务模块为主导，集线上预订平台与线下旅行社、酒店为一体的综合性旅游服务整合者和提供商，构建出了一条清晰完整的旅游产业链条。

2.第二次转型(2010—2015年)：从线上预订到智能手机APP

随着移动网络发展、智能手机普及和应用软件的丰富，以智能手机为代表的移动终端已成为网民接入互联网的首要方式。随着人们出游方式的日渐个性化，越来越多的旅游者开始依赖移动互联网为其旅游活动提供自助服务。与传统个人计算机（PC）上网只能为旅游者在出发前提供准备不同的是，基于手机等移动终端的移动互联网服务，可以在旅游的整个过程中为旅游者提供服务。

2010年10月，携程正式对外发布无线战略。携程大规模进入移动互联网领域，同时推出"一网三客户端"，使手机在线预订成为继呼叫中心和互联网之后第三个重要预订渠道。这标志着携程开始实施商务旅行和休闲旅游齐头并举的新战略，通过推进线上、线下和无线三大领域综合发展，搭建起一个立体式、综合性的服务体系，逐步实现从OTA向MTA的转变。

2013年，携程通过一系列大手笔的投资扩张了其业务领域，包括一嗨租车、途家等，完善了一站式旅游服务的产品线。携程将机票预订、酒店预订、旅游产品、门票、租车、社区攻略等服务整合，推出了"指尖上的旅行社"模式，把一站式休闲旅游服务推向极致。

2014年，携程成为中国最大的旅游集团，向超过2.5亿会员提供集无线应用、酒店预订、机票预订、旅游度假、商旅管理及旅游资讯在内的全方位旅行服务。

2015年，携程战略投资艺龙，进一步巩固在中国旅游市场的地位。

3. 第三次转型（2016年至今）：从单一电商到内容平台

随着互联网短视频、社区分享和直播的兴起，自媒体不仅改变了信息传播方式，也改变了人们的生活方式和思维方式。它加快了信息在社会中的扩散速度，形成了以社交圈为依托的传播路径。社交媒体及内容电商成为具有内容生产门槛低、传播速度快、场景体验感强、销售转化率高等多种优点的新型营销渠道，抖音、快手、微信视频号、B站、微博、今日头条和小红书等新媒体业务快速增长。

为了培养新的增长曲线，抖音、快手和小红书等内容平台纷纷跨界电商领域。例如：小红书上线自营跨境电商平台"福利社"；抖音开启电商业务，积极布局自营跨境电商、医药电商、货架电商、信任电商和买手电商等模式。"短视频种草，直播间拔草"，这些平台逐渐形成了集"产品功能价值、服务效用价值、场景体验价值"于一体的商业模式创新范式。它们以内容为抓手，打造差异化特征，成为电商领域不可忽视的力量。同时，传统电商平台也在加快内容化发展，电商领域的竞争愈发激烈。

鉴于此，2020年3月，携程发布了"旅游复兴V计划"，联合百余目的地、万家品牌共同投入10亿元复苏基金，促进旅游消费。携程联合创始人举行了20场"BOSS直播"，多家知名品牌酒店、旅游集团纷纷加入，历时4个月零6天，最终累计成交总额破11亿元、产品核销率近5成、为千家高星酒店直播带货超百万间夜。此后，携程"BOSS直播"成为旅游业直播的顶级流量IP。深耕产品内容使携程直播平台成为营销转化用户的新渠道。2020年，携程在内容生态方面取得显著成果，特别是携程直播团购频道为合作人提供流量赋能，国内业务展现出强劲的复苏势头，携程全年交易额和净营业收入分别为3950亿元和183亿元。

2021年3月，携程发布了"旅游营销枢纽"战略，该战略通过"1+3"的模式推进：以一个星球号为载体，聚合流量、内容、商品三大核心板块，叠加丰富的旅行场景，为商家打造了一个从交易角色转变为"交易+营销运营者"的强大平台，帮助用户完成从灵感启发到产品下单的完整消费链路,打造私域流量沉淀转化闭环。因此,携程期望通过商家和用户共建内容。内容生态和营销体系能更好地连接起行业和用户,将自身从过去单纯的交易平台,迭代为"寻找灵感和优惠"的平台,同时也成为旅游行业品牌商家、目的地的营销运营平台。

未来,携程将在交易流量的加持下,通过日益强化的品牌力、丰富的产品创新力以及旅业伙伴的内容增长张力、直播场景的多维应用力、平台的流量转化力,打造泛旅游营销枢纽,去探索更多可能。同时,携程将通过联动供应链、目的地、流量联盟和优质客群,通过IP孵化、精准补贴、智能投放、大数据赋能、内容生产、活动运营、服务保障等手段,发挥平台优势,促进电商、用户生成内容和新媒体的深度融合发展。

(三)携程转型发展中的问题思考

从携程的发展历程和三次转型升级可以得出以下结论。

第一,在线旅游供应链需不断拓展。OTA只有不断创新服务才能够获得持续的快速发展。在激烈的市场竞争环境中,委托代理关系下的"中间商"只有从服务质量提升和服务内容扩张两方面入手才能获得长期的盈利增长机会。新型OTA可在机票、酒店、度假、门票之外的在线旅游领域获得生存空间,但那些只有单一业务的OTA将很难获得综合竞争优势。

第二,在线旅游运营模式需不断创新。信息技术在旅游业中的应用扩展了在线旅游的业务范围和营销渠道。在线旅游平台APP能够较好地提供旅途中的信息服务,旅游直播能增强用户体临场感和真实感,同时还能增强与用户的互动和黏度,移动互联网及人工智能等新技术开辟了未来OTA竞争的新战场。OTA将从提供旅游中的出行服务逐步过渡到提供旅游全过程、全要素服务的新阶段。

第三,在线旅游供应链功能体系需不断完善。网络环境下的在线旅游供应链功能体系将不断完善。在垂直搜索、用户生成内容等方面传统OTA较为欠缺,这导致它们难以形成相对封闭的生态商业圈。未来,传统OTA需要在垂直搜索、旅游攻略与点评、旅游团购、旅游直播等方面发力,强化平台的社区建设和内容生产,利用平台技术和流量赋能旅游目的地,从而形成营销、搜索、交易、分享、评价等完善的供应链闭环。

第二节　国外以OTA为核心的在线旅游供应链运营经验

国外OTA巨头的成功运营模式是我国传统OTA转型发展学习的典范，虽然存在一定的国际化、产业化等差异，但信息技术和旅游各要素的融合在本质上是一样的。Expedia、Tripadvisor、Priceline等已经历了国外在线旅游市场的洗礼，成长为全球性的OTA巨头。

一、Expedia的跨地区和多品牌运营模式

Expedia于1996由Richard Barton和Lloyd Frink两位微软前高级主管创办，起初它只是微软内部员工的一个旅游工具，后来成为MSN的一个子站点，1997年开始全面独立运作，1999年从微软分拆出来后在纳斯达克独立上市。2003—2005年被互联网巨头IAC（Inter Active Corp）收购并私有化，IAC同期还收购了Hotels.com、Hotwire.com、Egencia等旅游网站。2005年8月，IAC将其所有旅游业务转移至Expedia，并打包上市。重新独立运作的Expedia焕发出新的活力，进入了全球化快速扩张阶段，收购了Trivago等公司，并与亚航成立合资公司、与Travelocity达成战略营销协议。

（一）多品牌运营模式

多年来的成熟发展经验让Expedia在多品牌多模式的发展道路上一路畅通无阻。Expedia.com一直作为Expedia公司的独立品牌进行运作，同时围绕Expedia.com这一核心品牌，又衍生出一些子品牌（Hotels.com、Hotwire.com、Expedia Affiliate Network、Egencia、Expedia CruiseShip Centers、Trivago等）。这些子品牌遍布世界主要旅游客源输出市场，业务部门遍及美国、加拿大、法国、英国、比利时、德国、意大利、日本、爱尔兰及西班牙等国，构成了Expedia主品牌的覆盖网络。

Egencia、Hotels.com、Hotwire.com是面向不同细分市场的品牌，Egencia主要面向商旅市场，Hotels.com专注于订房市场，Hotwire.com面向

对价格敏感的客户。从地域范围来看,这些品牌都在高速地向多个地域进行渗透,特别是Hotels.com和Egencia已占领商旅市场的大部分份额。

（二）国际化扩张策略

Expedia在产品线的跨区域市场扩张方面能力卓越。在北美、欧洲等客源结构稳定、市场竞争激烈的市场中,它会以强势的核心品牌（Expedia.com）及国际旅游资源优势,将目标市场纳入覆盖网络,并让新开拓市场和原有市场之间产生联动效应,然后再引入Tripadvisor等品牌,针对细分市场的品牌构建差异化竞争优势。

在亚太等次发达市场中,Expedia则一般先以功能性较强、客户群和产品明确的Hotels.com和Hotwire.com品牌为主,快速拓展渠道、培育用户,以达到占据市场的目的。在巩固市场后,根据业务开展情况引入相关品牌进行补充,产品线由某一细分市场反向延伸,最终形成对大众市场的影响力。

（三）外部资源整合

在上游供应商的资源整合方面,Expedia设立了专门的PSG（Partner Services Group）部门,由PSG向Expedia集团旗下的众多销售点、自有品牌网站和合作品牌网站源源不断地提供最具价格竞争力、最优质的产品,它是Expedia的生命线。Expedia凭借自身的优势,包括全球化的客户网络、本土市场经验、世界级的技术支持、创新的市场推广、强大的销售支持,为供应商提供了一系列的全面服务。

在营销支持和产品展示方面,Expedia充分发挥技术优势,推出了一系列的新功能,如价格匹配、产品动态打包、比价搜索、网站推广等,让其在供应商管理和产品价格管理方面的控制力更强。

二、Tripadvisor的国际化旅游社区运营模式

（一）国际化发展历程

Tripadvisor于2000年2月由Stephen Kafuer等人创立,总部位于美国马萨诸塞州牛顿市。它拆分前属于Expedia旗下子公司,由酒店点评进入旅游

搜索领域，2011年12月20日拆分后以代码TRIP在纳斯达克独立上市。

Tripadvisor旗下拥有Tripadvisor、Cruise Critic、FlipKey、TheFork、Holiday Lettings、Jetsetter、Niumba、SeatGuru等品牌。

（二）业务范围及收入结构

Tripadvisor是全球最大最受欢迎的旅游社区，也是全球第一的旅游评论网站。它拥有数千万名注册会员及上亿条的评论，并且数量还在不断增加中。Tripadvisor为用户提供及时、可信的全球化旅游信息，客观的酒店评论、细致的酒店索引、便捷的酒店选择和比价搜索工具，以及社会化的旅途图片分享、视频上传和驴友在线交流等服务，免费向用户提供大部分旅游内容，围绕内容和用户建立社区，鼓励用户分享，逐步形成以内容和用户为核心的旅游社区。

Tripadvisor的财报显示：公司收入大部分来自CPC（Cost Per Click，单词点击成本），这部分收入与旅行搜索、OTA交易密切相关。而互联网媒体思维认为较重要的"展示广告"收入，以及与酒店点评和直接预订相关的酒店全球通业务的收入占公司全年总收入的比例较低。由此可以看出，Tripadvisor仍专注于旅游社区运营和管理领域，但收入结构正在逐步发生变化。未来，Tripadvisor可能会增加平台内交易的功能，继而转型为OTA。

三、Priceline的多品牌和多元化盈利模式

（一）多品牌成长历程

1997年美国人Jay Walker创立了Priceline，创始初期以"Name Your price"（用户自己定价）反向定价模式为切入点进入机票、酒店等产品的线上预订领域，快速得到用户和资本市场的认可，并对此模式进行了专利注册，1999年在纳斯达克上市。

2004—2013年，Priceline先后收购了线上酒店预订服务商Active-Hotels[①]、酒店预订网站Booking和Agoda、租车服务提供商Travel Jigsaw[②]、旅游垂直搜索引擎KAYAK等，实现了业务的国际化、品类的多元化和模

---

①Active Hotels后与Booking合并。

②Travel Jigsaw现为Rentalcar。

式的多样化。通过资本运作和跨国经营，Priceline逐步成长为向全球用户提供酒店、机票等旅游产品在线预订的核心服务商。

（二）多元化盈利模式

Priceline的盈利模式为其他在线旅游网站指明了另一个方向。相较携程盈利模式对上游供应商的强势，Priceline的盈利模式则更为友好。它实现的不仅仅是用户的出价，同样实现了供应商的出价。拥有空闲资源的酒店可以根据自身的实际情况选择是否接受用户的询价，并且根据情况随时调整价格，而无须像在携程上以相对固定的价格销售。这种模式实际上是对买卖双方的交易需求进行了二次挖掘。第一次挖掘是将用户的需求与供应商的资源进行对接；第二次则是深入挖掘出敏感用户对于价格的需求，然后再次与酒店资源进行匹配。这样的模式更好地保护和满足了交易双方的需求，最终实现了用户、供应商和Priceline三方共赢。

Priceline和Expedia虽然收入模式各有侧重，但它们都将酒店业务作为主要收入来源。由于住宿产品需求量大、市场分散，与酒店合作范围广、程度深的OTA才具有真正的优势。

携程和Priceline的盈利模式对比分析如表7-1所示。

表7-1　携程和Priceline的盈利模式对比分析

企业	携程	Priceline
盈利模式	代理商模式——携程在用户和产品供应商的交易中担任代理商的角色，携程从交易中抽取一定比例的金额作为佣金。 代理商模式主要包括四个业务：酒店预订代理，机票预订代理，自助游与商务游中的酒店、机票预订代理，线路预订代理。 广告方式：在其网站平台上投放广告所收取的供应商的广告费用	代理商模式——Priceline在用户和产品供应商的交易中担任代理商的角色，Priceline从交易中抽取一定比例的金额作为代理佣金。 特点：单笔交易营收较低，但较稳定。 零售模式——Priceline与酒店、机票、租车、目的地服务商协商，以固定的配额和固定的价格获取相关产品，同时Priceline拥有相应的自主定价权向消费者收费，以此获得产品差价。 特点：单笔交易营收通常较高。 广告方式：在其网站平台上投放广告所收取的供应商的广告费用

四、国外OTA对我国OTA转型发展的启示

（一）多品类发展战略

多品类发展战略是指企业围绕核心业务，逐步发展一系列的相关业务或细分市场来形成业务组合群的战略。这些业务或品牌分别针对不同市场的目标客户群体，旨在达到扩大市场占有率的发展目标。整个旅游活动涉及的服务内容相当广泛，在线旅游对传统旅游业务的改造体现为对各个环节或领域的规模化和标准化服务。仅旅游"六要素"就可以拆分为不同的用户需求，"六要素"中的每一种要素又可以细分为不同的目标市场群体。因此，Expedia等都是围绕旅游需求的各个环节，通过多品类发展战略来扩大自己的业务。这些业务既相互关联形成整体竞争优势，同时又能够独立运行互不牵扯，有利于企业集团化发展。

从我国传统OTA的转型发展来看，目前几乎没有OTA采用此战略，大多数OTA仍停留在旅游"六要素"细分市场的多元化发展阶段。比如携程推出的住宿系列（酒店、客栈、民宿等），交通系列（机票、火车票、汽车票、船票等），旅游系列（跟团游、周边游、自驾游、户外游等），以及开始涉足邮轮、租车等新业务。又比如艺龙聚焦于酒店、机票、火车票三大业务，并且将这些业务归集到一个预订网站上进行交易，但这只能算是多品类发展的萌芽阶段。

（二）多渠道发展战略

多渠道发展战略是指企业通过不同的方式增加与客户的接触机会的战略，如企业可以通过人员推广、电话、传真、网络等方式与消费者实现沟通和互动。随着无线通信和网络信息技术的发展、智能手机的普及，以及从国外在线旅游服务商的发展趋势来看，在线网站、呼叫中心、智能手机成为OTA争夺用户的主要渠道，并且随着智能手机在旅途中的广泛应用，无线旅游发展更加迅猛。Nielsen调查显示：美国Android和iOS用户在获取旅游信息时，95%的时间花费在旅游APP上，只有5%的时间花在网页上。游客可以通过手机进行导航、拍照、社交、购物、翻译，以及在线搜索、预订、支付、分享，还能够获得很多全新的旅游体验。从国际OTA的发展

渠道来看，它们都已开发适用于 iOS 和 Android 手机系统的旅游 APP，未来在线旅游企业都将成为无线公司。

从我国传统 OTA 的转型发展来看，移动端市场份额的增长也非常迅猛。携程自 2010 年发布无线战略以来，推出了面向企业运作的"携程旅行"APP。此外，携程还通过微信公众号、微博等全面突击无线渠道。2014 年 3 月携程无线用户超过 8000 万，日交易额突破亿元，占携程总交易额的 35%左右，之后这一比例仍在继续扩大，移动端成为为用户提供一站式的旅行服务的主要渠道。此外，携程对 100 多个国家和地区的出境游旅游团成员提供境外免费 Wi-Fi 服务，通过开放群聊功能增进用户间的交流和提升用户在线咨询体验。同期，艺龙也推出了"艺龙旅行"APP。总的来说，多渠道发展战略的调整既迎合了当前的旅游消费需求，也推动了传统 OTA 的转型发展。

（三）跨区域发展战略

跨区域发展战略是指企业通过地域扩展来实现规模化经营的战略。在不同区域开展同类经营可以实现产品与服务的市场空间全覆盖，不仅能发挥客户资源优势，还能提升用户体验。在全球互联网快速发展的大趋势下，国际化发展与互联网的空间无限性高度契合，完全能够实现 OTA 的国际化发展战略，拓展企业的发展空间和规模化发展的综合效益。

从 Expedia、Tripadvisor 等国际 OTA 巨头的发展历程来看，它们都有针对性地实施了国际化经营战略，一方面形成了遍布全球的目的地旅游产品与服务数据库，另一方面形成了庞大的客源覆盖网络，建立起非常高的竞争壁垒，从而确保企业的可持续发展。

从我国传统 OTA 的转型发展来看，它们主要面向我国居民的国内旅游和出境旅游业务以及国际游客的入境旅游业务，还没有形成真正国际化的业务发展模式。

因此，我国 OTA 的竞争主要聚焦在国内客源市场和线下资源的争夺，一方面通过各种渠道争夺规模不断扩大的在线预订用户，另一方面通过供应商管理扩大线下资源的覆盖面。酒店、机票、门票等价格大战的背后，其实质还是在于抢夺快速增长的休闲旅游在线预订用户。国内旅游市场空间的局限性导致了残酷的价格竞争，对 OTA 的健康发展造成了影响。

（四）轻资产发展战略

轻资产发展战略是指相对于"重资产"提出的新型发展战略，是以知识资产、品牌、大规模协作等无形资产和现金为主的投资发展模式，旨在以较少的资金投入获得较大的利润回报。轻资产运营具有投入少、成本低、收益高、扩张快、业务转换灵活等优势。OTA通过建立信息平台，提供信息服务来获得中介费用，属于网络科技类轻资产企业。

从国际OTA巨头的发展历程来看，通过国际扩张、收购和重组大批同类型的OTA，企业能够实现快速国际化的规模发展，并且几乎不涉足线下资源或服务的经营和投资，与旅游者的直接接触较少。国外仅有的呼叫中心也只是作为客服与投诉中心，没有接单功能。

从我国OTA的转型发展来看，企业都在不同程度上涉足线下资源和服务。我国在线旅游市场正在从呼叫中心电话预订时代向官方网站、智能终端APP和小程序等在线预订时代迁移，然而，携程依然保持着市场最大规模的呼叫中心和地面销售队伍，并对线下旅行社、酒店资源进行了大量的并购或注资，这可能会创造高收益，也可能会成为企业未来发展的累赘。从渠道贡献度来看，携程呼叫中心带来的订单占比已大幅下降，互联网在线预订与手机移动端订单数量正在攀升。此外，截至2014年底，途牛在全国73个城市设立了75家区域服务中心，并且在沪、苏、浙、鲁等出游需求量大和旅游资源富集的目的地形成了高密度的服务网络。由于线上服务和线下资源都对旅游体验起着决定性的作用，企业的发展战略将决定线上和线下资源配置的比重。

第三节 以OTA为核心的在线旅游供应链优化策略

从国外OTA的发展态势来看，虽然当前我国OTA面临了价格竞争和转型升级的严峻挑战，但其营业收入仍然保持了较高的增长速度。可以预见，未来OTA仍然是在线旅游产业的重要组成部分，以OTA为核心的在线旅游供应链需要再造服务创造价值的发展模式，不断提高供应链的运作绩效。产品供应链的优化主要针对采购、库存、物流网络等环节，在线旅游供应链的优化则可以针对服务流、资金流、信息流、价值流和游客流,从旅游供应链的柔性、敏捷生产、精益服务、风险控制等方面展开。

在线旅游供应链优化的目标体系设计如图7-1所示。

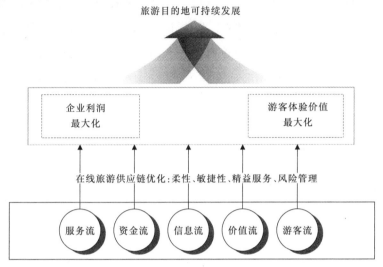

图7-1 在线旅游供应链优化的目标体系设计

一、在线旅游供应链优化的目标

供应链优化的目标是改善供应链运作绩效和实现其可持续发展的指引,因此,企业既要考虑到局部的利益,同时也要着眼未来长远发展的战略。在线旅游是现代旅游业的重要组成部分,其盈利建立在旅游目的地资源消耗、旅游供应商提供线下服务的基础之上,它关系到线上线下企业的生存与发展,同时也关系到旅游目的地的长远发展。鉴于此,笔者认为:以OTA为核心的旅游供应链优化目标应将游客、供应链企业、旅游目的地的利益结合起来考虑,而不是只考虑核心企业的独自发展。

(一)以游客体验价值最大化为目标

在产品主导逐步向消费者主导过渡的市场经济背景下,以"顾客"为中心的思想得到广泛认同。在线旅游者是旅游供应链的源头,他们购买了旅游产品与服务才使得服务创造的价值得以转化为经济效益。因此,在旅游产品日益丰富的市场环境下,只有围绕游客需求提供服务才能在市场竞争中获胜。对游客而言,体验价值是决定其支付意愿和支付总额的重要衡量指标。

（二）以供应链企业利润最大化为目标

阿尔钦和弗里德曼认为市场中企业的目标就是要追求利润最大化，为股东创造回报，为客户创造价值。OTA为旅游者提供了信息服务，帮助上游供应商出售了旅游产品与服务，作为市场主体，它们理应获得收益。对利润最大化的追逐，使得企业更愿意投入时间、精力、财力去寻找机会，以及为了保持竞争优势而不断创新，从而实现社会资源的最优配置。

（三）以旅游目的地可持续发展为目标

旅游目的地可持续发展，即要实现人与自然的和谐相处，旅游目的地经济、社会、文化和生态的协同发展。OTA借助网络打破了旅游产品销售的空间束缚，让旅游目的地的网络营销更具实效性，使旅游者的消费更容易、更轻松，它们对旅游目的地产业要素的发展具有很强的拉动作用。

二、在线旅游供应链柔性优化策略

供应链柔性指供应链对顾客需求做出反应的能力，包括缓冲能力、适应能力和创新能力。供应链的柔性水平与消费者的需求相关，具有动态性、可扩展性、时效性、多维性等特征。其中，多维性包括了处理不确定需求表现出的范围、时间和成本。旅游需求的季节波动性、分散性与爆发性，旅游者消费行为的多变性，以及外部环境和需求的不确定性，要求以OTA为核心的旅游供应链体系必须具有较强的供给能力，在线旅游服务商和上游供应商都应不断丰富产品类型和创新产品供给方式。

（一）构建旅游要素一站式协同

随着在线旅游市场重心由商务旅行向到休闲旅游的逐步转移，在线旅游者对旅游产品与服务的综合性要求不断提高，旅游产品由单业务供给向全产业链覆盖。OTA大多通过投资并购、战略联盟等方式获取企业资源和扩大生产能力，围绕企业核心资源开展同心多元化或水平多元化经营是增强旅游供应链柔性的必然选择，也是核心企业增强竞争能力的战略选择。

旅游过程中的在线旅游服务切入点如图7-2所示。

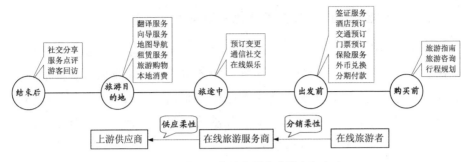

图 7-2　旅游过程中的在线旅游服务切入点

旅游过程中的每个环节都可能会成为在线旅游服务商的切入点，当切入点对游客产生吸引力，游客需求将进一步延伸到旅游过程中的相关服务。例如，携程提供签证服务，利用签证服务拓展潜在用户群体；百度利用导航和基于位置搜索服务，向用户推荐旅游目的地的本地消费项目。这些都是由核心资源衍生开来的服务多元化模式。从当前的发展趋势来看，综合型 OTA 的发展正向一站式服务迈进，未来可能还会出现新的在线旅游服务产品。

我国代表性 OTA 的旅行业务扩张领域如表 7-2 所示。

表 7-2　我国代表性 OTA 的旅行业务扩张领域

业务类型	代表性OTA			
	携程	同程	飞猪	途牛
攻略	√	√	√	√
酒店	√	√	√	√
票务	√	√	√	√
邮轮	√	√	—	√
租车	√	√	√	√
线路	√	√	√	√
签证	√	√	√	√
保险	√	√	√	√
金融	√	√	√	√
点评	√	√	√	√
游记	√	√	√	√

（二）实施旅游产品分类差异化延迟策略

实施旅游产品分类差异化延迟策略主要是为了满足旅游者多样化和个性化需求。不同的业务类别需要不同的业务策略，对满足旅游者需求的产品进行分类管理，可以扩大产品的覆盖范围和提高企业的运营效率；同时，每种产品还可采用不同的销售方式，如惠选、团购、秒杀、预售等，以此形成供应链系统的差异化延迟策略。

从携程、途牛等推出的业务来看，它们对旅游产品进行了多层次细分，正在加紧向旅游线路、旅游票务、旅游金融等领域渗透；还对在线旅游产品的内容进行了大胆创新，有效地拓展了企业的业务范围。分类管理提升了细分领域产品的专业运作能力，与供应商建立广泛的合作则提高了供应链柔性，同时，也使产品针对不同目标的客源市场，能够更好地满足旅游者的多样化需求，提高了分销的柔性。未来，在线旅游产品尚需向户外旅行、游学、高端定制等方面延伸。

我国OTA的产品细分与业务拓展如表7-3所示。

表7-3 我国OTA的产品细分与业务拓展

旅游交通	旅游住宿	旅游线路	旅游票务	旅游金融	旅游相关服务
机票	国际酒店	周边游/周末游	海外门票	存款证明	旅游攻略
火车票	国内酒店	国内游	国内门票	旅游保险	在线旅游社区
汽车票	公寓	出境游	演唱会票	外币兑换	旅行签证
机场巴士	旅馆	自由行	当地游乐	购物退税	旅行Wi-Fi
海外接送机	度假村	包团定制		积分商城	购物向导
国内接送机	客栈	游学		礼品卡	旅行结伴
国际租车	民宿	顶级游		联名信用卡	订餐
国内租车	农家乐	企业会奖		消费信贷	
打车	团购	户外旅行		银行理财	
	特卖	邮轮			
		特卖			

（三）推进旅游核心要素的多样化搭售

旅游要素组合销售能够丰富产品类型，迎合当前自由行消费市场的需求，同时还能提高产品的价格竞争力。在线旅游服务商通过将酒店与其他产品打包，为旅游者提供更快捷的服务。当前，"酒店+"产品比以前更为丰富，尤其是"酒店+机票""酒店+租车""酒店+景区门票"等产品。而以旅游目的地为中心的打包式服务，则是根据旅游目的地提供全套的咨询、门票、住宿、美食、交通、行程规划等全方位服务，如桂林旅游网能够为在线旅游者提供单次出游的自主选择和搭配。

（四）开发个性化旅游服务主动推荐系统

在线旅游网站与LBS网站、社交媒体（QQ、微博、微信、人人网）的信息分享，使得在线旅游者的个人信息和消费行为轨迹可以被采集，从而可以根据其个性特征和实时位置，对其周边的旅游资源、活动开展营销推介，如价格折扣等。同时，在线旅游服务商可以根据旅游社区中的搜索、分享、点评等用户消费轨迹的数据分析，对其开展个性化的旅游服务推荐。个性化推荐系统（Service Oriented Architecture，SOA）可以让中间商采购和组合设计的在线旅游商品更符合消费者的需求，可以增强旅游供应链的柔性。

（五）互动中引导旅游者全程参与服务生产

信息不对称是影响旅游供应链柔性的关键因素。通过信息技术，旅游者可以实现从被动接受旅游服务向主动参与创造开发旅游服务转变。在信息收集阶段，旅游者可以通过攻略来自主规划行程；在购买决策阶段，旅游者可以通过垂直搜索、OTA站内检索等功能寻找合适的商品；在旅游过程中，旅游者可以通过智能手机接收和反馈旅游服务信息，与OTA及旅游社区保持实时互动。引导旅游者主动参与服务过程，有利于增加在线旅游者对旅游消费过程的了解，从而激发出与产品设计相一致的需求。

三、在线旅游供应链敏捷生产优化策略

供应链的敏捷性是指通过供应链管理促进企业间的联合，确保供应链能够及时响应外界条件的变化，加快企业对外部环境的响应速度。在线旅游供应链敏捷生产实现的途径主要包括：提高市场响应的敏捷性（客户管理）、提高生产系统的敏捷性（大规模定制）、提高信息系统的敏捷性（信息共享）、提高组织的敏捷性（流程集成）、降低供应链管理的复杂性。

（一）通过信息平台精确获取客户需求信息

增强旅游社区知识共享与客户忠诚。企业的生产计划应该以市场需求为驱动，而不是在对历史销售数据进行统计分析的基础上所做的需求预测。供应链敏捷生产要求企业具有高度的市场敏感性，这样才能保证以最快的速度通过供应链响应定制客户的需求。客户关系管理、需求管理等思想的重视以及信息技术的发展，使通过多种渠道快速、准确地收集客户对产品或服务的个性化需求成为可能[①]。

在线旅游社区通过提供旅游搜索、旅游攻略、旅行指南、达人推荐、游记分享、口碑排行榜、直播等服务加强旅游者的知识共享与学习，能够增强客户黏性；通过提供会员管理、问答、结伴、点评等服务加强与客户的互动，从而掌握客户的需求动向。因此，在线旅游社区是准确、快速地收集客户个性化需求的重要途径之一，还能与客户建立更密切的关系，保持客户的忠诚度并寻求新的客源。携程、途牛、同程等大部分OTA都在加强在线旅游社区的运营与管理。

在线旅游社区知识共享的方式及其优点如表7-4所示。

表7-4　在线旅游社区知识共享的方式及其优点

知识共享	方式	优点
官方推荐	由在线网站以企业名义推荐旅游产品与服务	权威、有保障
达人推荐	由具有丰富经验和旅行经历的资深人士推荐旅游产品与服务	专业性强
口碑榜/点评榜	通过整理历史评价，对旅游产品与服务进行排名	比较客观
游记	游客在旅途中所产生的感受的真实流露	翔实、感情丰富
论坛	对旅游相关问题的讨论	开放性强、参与性高
问答	提供专门的旅游问题解答	针对性强
短视频	以视觉内容为主，展示旅游目的地风光	信息浓缩、创意表达、传播速度快
直播	对旅游产品进行全方位展示和解说	实时互动、内容丰富、场景真实

---

①查敦林,王宁生.供应链管理的敏捷性研究[J].工业工程,2004,7(1):10-13.

从已有的在线旅游社区管理来看，在线旅游社区还存在以下需要优化的问题。

（1）对用户点评内容的结构化提取。海量用户数据导致关键信息内容分散，这对运营商的数据挖掘提出了新的挑战。目前大多数网站采用将字数限制在20字以内的标签式提炼方法，以及点评内容结构化的评分体系，使得观点和评价更清晰地呈现出来，如马蜂窝等。

（2）知识分享的真实性管理。分享与评论内容会对游客产生引导作用，而部分网站及供应商制造了虚假的评论，因此还需要进一步加强对在线旅游社区的管理。

（3）社交平台嵌入的功能开发。在线旅游社区内容的广泛传播主要依赖于社交媒体，由于攻略、游记缺乏知识产权保护细则，因此探索在线旅游社区与QQ、微信、微博、抖音、小红书等社交平台的数据共享方式是关键。

（二）通过信息共享实现库存动态无缝对接

供应商和代理商的库存信息共享是敏捷生产的根本，然而大多数线下旅游供应商不愿意公开自己的产品实时销售信息。这一方面是因为信息共享技术成本、人力成本、软件费用等十分高昂，另一方面则是出于保护商业经营秘密的需要。但是，在线旅游线下供应商和线上代理商的信息共享是大势所趋，基于云存储的信息技术正在改变这一格局，尤其是中小型旅游服务供应商的供应链信息共享。

基于SaaS（Software-as-a-Service）平台架构的旅游B2B新技术应用，通过解决供应商信息化问题为企业提供了电商化发展新途径。云技术的低成本和开放性，使得B2B分销商与酒店CRS（Central Reservation System，中央预订系统）打通成为可能。例如，天下房仓科技有限公司搭建了中立的第三方库存管理平台（见图7-3），实现了酒店分销渠道的在线化，帮助携程、艺龙等在线旅游代理商搭建了新的酒店实时交易管理平台。其价值在于，在资源供应商或者传统旅行社与线上分销渠道或者平台之间，打造一个互联互通的网络。

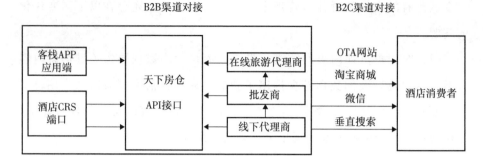

图 7-3　基于云技术和 SaaS 通道的酒店库存实时对接平台

在基于云技术的 SaaS 平台中，B2B 分销商与酒店之间的信息和订单的传输全部由系统自动完成，不再依靠传统的传真、电话、邮件等人工交互方式。这不仅大大节约了酒店和在线分销商的信息维护成本，也提高了订单处理的效率，减少了价格及房态信息不对称的情况，也提高了供应链资金结算的效率。酒店批发商或代理商（房仓系统用户）只需要和酒店签好对接合作协议和结算协议，并且在进行简单配置之后即可实现与酒店 CRS 的对接。同时，酒店供应商可以根据不同渠道客户的贡献水平，通过 CRS 或手机 APP 灵活控制酒店客房配额和价格。未来，天下房仓科技有限公司还将向旅行社、机票等领域拓展，实现上游资源和分销渠道的互联互通。新技术的出现，使得以 OTA 为核心的在线旅游供应链受到挑战，OTA 需要进一步提升其在供应链中的核心地位。

（三）通过旅游服务标准化实现专业化集成

为了满足消费者多样化和个性化的消费需求，OTA 必须逐步具备较强的产品开发设计能力，这样才能保障大规模旅游定制服务的生产。所谓敏捷的产品开发设计能力，就是在先进的管理思想和产品开发方法的指导下，采用设计产品族和统一并行的开发方式，对产品进行标准化、模块化设计以减少重复设计，使新产品具备快速上市的能力[①]。

在旅游市场需求转换加速的大背景下，在整体考虑产品质量、成本、进度计划和用户要求的基础上，OTA 必须能够建立不同的旅游产品功能模块（如交通、住宿），使其标准化、通用化，并对其进行装配和自由组合，

---

① 韩朝，奚祥英. 大规模定制生产模式在我国旅游行业中的应用[J]. 商业时代，2011(7)：122-123.

生成具有不同功能、特色的新产品[①]。在信息技术的支持下，传统旅行社将发挥其掌控线下资源的核心优势，实现对众多不同旅行产品的动态打包销售。OTA则可以通过线路采购或旅行社收购，也可以通过设立行程规划中心（私人定制）组装标准化功能模块等方式，实现在线旅游产品的专业化集成。

四、在线旅游供应链精益服务优化策略

精益供应链管理（Lean Supply Chains Managment）源于精益生产管理，是指对整个供应链的各个环节进行优化和改造，减少流程中的各种浪费，包括不必要的步骤、存货、等待时间、信息冗余、运输距离等，最大限度地降低成本和满足客户需求的一系列针对供应链的计划、实施和控制的过程。精益供应链管理主要是通过加强企业间协作、信息共享、业务流程再造与优化等实现，丰田公司提出了精益供应链的JIT（Just in Time）模式。在线旅游供应链的精益化管理，主要是以OTA制定的供应链服务流程与标准为基础，向在线旅游者提供精益化服务，通过协作实现整体的成本最小化和收益最大化[②]。

（一）再造精益化的业务流程

1.科学制定标准化服务流程

从内部流程优化和质量控制来看，携程、途牛等OTA在信息搜索、预订服务、在线支付、互动分享等业务环节的精益服务已相对成熟，特别是携程设计了预订服务的细分环节、设定了KPI指标、明确了可以完善的缺陷，以及建立了精益服务的"六大体系"（目标客户服务需求挖掘体系、精益服务设计体系、全面质量管理体系、人力培训与知识管理体系、客户服务保障体系、精准整合营销体系）。未来，OTA还需要通过技术创新进一步优化这些环节，以及探讨如何将这种精益服务管理体系移植到供应链上的所有企业，并实现这些服务环节的高效对接。

[①]程德通.大规模定制:旅游业服务运作新模式[J].哈尔滨学院学报,2011,32(11):29-33.
[②]邢博,白长虹.精益服务:理论、测量与有效性检验[J].管理评论,2014,26(11):106-118.

2. 移动旅游服务覆盖全过程

通过手机APP将"智慧无线"覆盖到旅游活动的全过程，能够建立线上、线下的立体式旅游服务体系，打造了一个覆盖旅行前、旅行中和旅行后的立体式旅游服务价值链。尤其是OTA无线旅游客户端的运营，对旅游活动组织过程和游客体验是一次巨大的变革。未来，以OTA为核心的在线旅游供应链需要进一步增强移动旅游的同步性、互动性和移动性，优化手机APP的用户界面与设计架构，提高移动端与PC端产品和服务的兼容性。

（二）探索精益化的收益管理

收益管理简单来说就是根据市场变化来制定相应的价格策略，从而达到收益的最大值。由于技术的限制，OTA能够在"收益管理"领域的创新非常有限。从酒店代售来看，由于我国OTA对酒店房价的和房态的掌握有一定的滞后性，很难及时地调整价格策略，再加上一些竞争者的低价挤压，收益管理没有得到很好的实施。相比之下，国外OTA则每天可以通过历史销售数据、周边同类酒店的数据推算当天的需求预期。当客房供需情况发生变化时，它可以及时调整酒店的房价以提高收益。目前，携程尝试了通过限定优惠价格的销售时间来探索收益管理的新途径。

五、在线旅游供应链风险管理优化策略

旅游供应链是一个复杂的系统，其风险很难界定。国外学者对供应链风险的研究始于供应风险，Zsidisin等将供应链风险定义为"供应不及时而导致的货物和服务质量的降低"，如市场利率的变化等导致供应不足而带来的风险。供应链风险的来源有很多种[1]，Philip O'Keeffe则将风险分为可控风险（如供应商资格、来源方的产品和服务等）和不可控风险（如金融危机、恐怖主义行为、自然灾害等）。供应商选择与服务运作、国际化经营、网络交易安全、旅游突发事件等都可能引发在线旅游供应链风险，这使得基于网络信息平台的在线旅游供应链风险管理面临更大的挑战。一般而言，风险管理的基本过程包括风险识别、风险预警、风险评估、应急管理等。

---

[1]宁钟，孙薇.供应链风险管理研究评述[J].管理学家(学术版)，2009(2):54-65.

（一）发展在线旅游多渠道供应体系

自然灾害、瘟疫、恐怖主义和金融危机等突发事件会对旅游目的地乃至全球经济带来不可控风险，并直接影响旅游活动的开展。"9·11"事件、汶川地震等都曾给当地的旅游业造成严重打击，疫情更是一度造成全国旅游业的停摆。OTA应积极拓展多渠道的供应体系，摆脱对单一供应商或产品的依赖性。当受到风险冲击导致供应链断裂时，可以采用更多的同类旅游服务加以替代，从而最大限度地降低因旅游供应链损坏而带来的影响。

（二）健全旅游风险预警和分担机制

供应链风险管理最重要的是如何消除风险，建立健全在线旅游供应链的风险预警和风险分担机制能有效增强其抵御风险的能力。在线旅游平台对产品进行营销和展示时要符合相关规定，对于旅游活动中潜在的风险要给予明确提示，还要建立以风险识别和风险评估为基础的风险预警机制。此外，对于在线旅游供应链存在的系统风险，可以通过基于长期利益的供应链成员间的战略合作关系及信任，与上游供应商建立共同分担风险的保障机制。

（三）构建在线旅游供应链应急方案

对于旅游中的偶发事件，OTA需提前制定相应的应急方案。在线旅游平台通过设置24小时应急服务电话、创建在线留言板等交互方式进行信息集成和信息共享，从而对突发事件风险进行及时处理。同时，根据事先的约定或承诺（旅游合同），协助旅游者解决旅游中遇到的问题，采取必要措施保护旅游者合法权益不受侵害。例如，携程设立了"自然灾害旅游体验保障金"，当游客在旅行过程中遇到了不可抗力的自然灾害，导致旅游体验受到影响时，携程将根据实际情况给予一定程度甚至全额的经济补偿。此外，携程还在海外旅游目的地开通24小时热线服务，游客可在旅游期间就旅游相关问题进行电话咨询，从而降低意外发生的概率。

第八章 研究结论与展望

我们从计算机和信息技术对人们的生活工作方式及行为习惯产生的影响出发,回顾信息技术向旅游业渗透的发展历程可以发现,旅游信息化对旅游行业、企业、旅游者等都产生了深刻的影响。它从根本上改变了旅游的体验过程和组织方式,改善了旅游消费中的信息不对称状况,能更好满足旅游者散客化、个性化、网络化的消费需求,已成为推动旅游业转型升级的一种重要新业态。我国旅游信息化进程的加速,推动了在线旅游技术的持续变革和运营模式的不断创新。随着技术改进、同质竞争、巨头涉足以及传统旅行社变革,传统OTA面临转型升级问题,在线旅游供应链的资源整合与关系协调也面临着新的挑战。本书按照提出问题、分析问题和解决问题的研究思路,综合应用了消费者行为学、管理学、统计学、哲学等学科知识,在重新构建以在线旅游服务商为核心的旅游供应链概念模型的基础上,围绕服务流、信息流、价值流、资金流和游客流等在线旅游供应链"流"的内部变化规律,从旅游者价值诉求变化、服务价值创新和合作价值分配三个方面探讨了在线旅游供应链的资源整合与关系协调问题。

第一节 研究结论与创新

一、主要研究结论

本书主要探讨了在线旅游供应链的资源整合与关系协调问题,得出以下主要研究结论。

（一）对旅游供应链概念与内涵的全面阐释

目前关于旅游供应链的研究很多，但专家学者们对旅游供应链认知的角度各不相同，有旅游产品供应链、旅游服务供应链、旅游产业链、旅游价值链等多种提法。产品视角的定义侧重于分析由核心企业（旅行社）集成的满足包价旅游需求的线路产品协调运行问题，产业视角的定义侧重于探讨旅游目的地各产业要素的相互协调与合作发展问题，服务和价值传递视角的定义侧重于服务的综合性和衔接的流畅性。本书从要素、主体、功能、权力结构等方面对旅游供应链进行了全面解析，发现它是一种多渠道并存的链式结构。在线旅游供应链已成为独立于传统旅游供应链的一种新事物，它完全可以扩展到目的地提供商业服务和公共服务的所有组成要素，更应该注重旅游产品和服务的集成创新与高效传递。

（二）以在线旅游服务商为核心的旅游供应链概念模型

确立供应链核心企业是供应链管理的重要命题，学者们对此提出了不同的评价指标体系。通过梳理现有关于旅游供应链的文献，研究发现学者们先后提出了以旅行社、酒店、景区、车船公司、主题公园等为核心企业的多种不同结构模式，并认为旅游供应体系中的任何企业都有可能成为核心企业。笔者认为在线旅游服务商对旅游者需求的跟踪、对下游供应商资源的整合以及对旅游行程的统筹安排都超过了传统旅行社，在信息交换、资金结算、技术创新、统筹规划等方面发挥着不可替代的作用，完全具备在线旅游供应链核心企业的要求。在供应链思想和系统论的指导下，本书构建了以在线旅游服务商为核心的旅游供应链概念模型。

（三）从在线旅游消费行为探寻游客内心的旅游价值诉求

本书通过分析网络对旅游者行为的影响，勾勒出移动互联环境下的旅游者旅游前、旅游中和旅游后三个阶段的消费行为轨迹；通过对多家权威咨询机构研究报告的深入分析，揭示了我国在线旅游者在旅游动机、旅游搜索、旅游计划、旅游体验、旅游分享等方面的差异。同时，本书通过实证研究也印证了在不考虑外部环境影响的条件下，在线旅游服务的内容、服务的效率等对旅游者是否使用在线旅游服务存在显著影响。在线旅游平台提供的轻松、自由、优质、便捷服务能够更好地满足旅游者追求真实、自由、个性化旅游体验的价值诉求。

（四）在线旅游供应链资源整合路径

网络拓展了旅游供应链的空间和范畴，同时也对其资源整合提出了挑战。创造更高的顾客价值是旅游供应链资源整合的动力所在。本书分析了网络环境下旅游供应链顾客价值创造的流程，提出了以提高在线旅游核心企业服务集成水平、游客参与度为目的供应链整合思想。然后，从在线旅游服务商视角提出了系统性的整合路径与策略，包括供应商整合的数字化、标准化，内部整合的系统化、精细化、移动化、平台化、专业化，顾客整合的社区化、群分化。

（五）在线旅游供应链关系协调机制

旅游供应链具有多节点、稳定性低、上下游不存在很强约束关系等特征，供应链关系是维系其可持续发展的根本保障。然而，在线旅游中的委托代理关系常常会导致成员的逆向选择和道德风险。本书总结出供应链冲突出现的四种原因：各自利益的最大化、合作需求的相对性、博弈能力的动态性和信息共享的外溢性。笔者提出从信任管理、利益均衡、社会资本积累三个层面构建在线旅游供应链关系的协调机制，从评价、制度和信誉三个方面提出促进建立旅游者信任的方法，从合作博弈整体收益最优状态、Shapley值法以及利益均衡实现机制三个方面探讨了合理的利益分配机制，从基于第三方在线旅游信息分享与评价平台的社会资本积累来制约彼此的关系。

二、研究创新之处

本书主要在研究视角和研究内容上进行了创新，具体如下：

（一）提出了基于价值的在线旅游供应链整合与优化的系统性研究框架

本书从价值视角对旅游供应链整合与优化进行了系统研究。目前，供应链整合的学术研究大多集中在整合的诱因、维度、强度，以及与企业绩效的关系等方面，目的是提高核心企业以及整条供应链的经营绩效，但对供应链整合的方式还缺乏深入研究。供应链是价值链的一种表现形式①,价值流是反映供应链运作规律的一种重要刻画方法。本书将在线旅游供应链的"价值"作为供应链整合的主线,围绕在线旅游者的价值诉求、供应链的价值创造与创新、核心企业主导的价值分配三个环节对在线旅游供应链的整合与优化展开了深入研究。此研究构建了系统性的旅游供应链整合与优化新框架。

(二) 优化并重构了以在线旅游服务商核心的旅游供应链概念模型

本书构建了在线旅游供应链的概念模型。旅游供应链中的参与主体多、约束关系弱、稳定性差,每个主体都有可能成为供应链的核心企业,目前供应链形成了以旅行社、酒店、景区、旅游电商等为核心企业的多种不同结构模型。笔者认为在线旅游供应链具备先进的信息技术和专业的运作能力,改变了传统旅游产业的组织方式,在信息交换、资金结算、技术创新、统筹规划等方面发挥着不可替代的作用,完全符合供应链核心企业的要求。并且在线旅游已成为一种新的商业服务模式,未来的市场发展空间巨大。基于此,本书提出了以OTA为核心企业的旅游供应链概念模型,并对其运作方式与流程、保障机制进行了深入分析。此研究是对旅游供应链理论的应用创新。

(三) 探讨了服务集成和游客参与的在线旅游供应链价值创新方式

本书将价值创造理论延伸到在线旅游供应链领域。服务创造价值已成为业界共识,但服务是如何创造出价值的还没有完全被揭示。在线旅游服务创造了可观的利润,是一个非常好的研究案例。目前关于企业价值创造的研究成果较多,但关于供应链价值创造的文献较少。本书结合价值创造理论,总结出在线旅游供应链价值创造的过程模型,包括了价值识别、创造、传递、增值与实现等环节。同时,针对在线旅游鲜明的互动性、参与性特征,探讨了OTA主导的服务集成和顾客参与的价值共创两种在线旅游

---

① 郑霖,马士华.供应链是价值链的一种表现形式[J].价值工程,2002(1):9-12.

供应链价值创新的途径。在线旅游供应链能够利用信息共享实现旅游产品和服务的高度集成，现代信息技术让游客参与到设计、生产、传递等服务运作系统之中，使旅游者成为企业的价值创造伙伴，这些为在线旅游供应链的资源整合指明了方向。此研究丰富了服务供应链价值创造理论的内涵。

（四）将社会资本理论引入在线旅游供应链的关系协调研究

本书首次将社会资本理论应用到在线旅游供应链关系协调研究之中。社会资本理论已被应用到供应链管理的研究之中，但目前主要集中在现实环境中的产品供应链领域。网络环境拓展了社会网络及社会资本的边界，网络虚拟世界中的社会资本难以测量，网络和社会资本的多面性关系还没有完全得到验证。本书首次对在线旅游供应链的社会资本进行了研究，在线旅游服务商构建了以旅游信息平台为载体的新型社会关系网络，这种虚拟的社会关系网络已被利用并发展成为UGC商业模式。本书创新地提出网络环境中在线旅游供应链社会资本产生的三种方式：知识共享、服务点评及旅游虚拟社区，并对基于社会资本积累的在线旅游供应链关系协调机制进行了探索性研究。

第二节 研究局限与展望

一、研究局限

（一）进一步扩充研究对象

由于研究水平和条件的局限性，本书只对在线旅游中的代理模式展开了研究，它是当前比较成熟的商业模式。实际上，OTA可以细分为在线旅游代理模式和商城平台模式，互联网旅游产业的组织形态正在从"OTA主导的封闭产业链条"向"平台引领的开放商业生态"演进。例如，携程和飞猪都是在线旅游服务商，前者拥有专业的旅游运营经验，而后者拥有丰富的电商平台资源。供应链企业之间的合作机制及其内在影响机理会发生变化，导致旅游供应链资源整合和协调优化的策略产生差异，这些还需要后期进行跟踪研究。

除此之外，在线旅游的垂直搜索模式、用户生成内容模式、团购、自媒体带货等新业态发展迅猛，在线旅游服务商更加专注于比价、社区运营、旅游团购、直播带货等功能，这正是未来在线旅游服务商亟须拓展的重要功能。在线旅游服务商之间的竞合关系将影响在线旅游供应链的结构演化，因此，未来还需要关注新型在线旅游服务商的发展方向。随着平台在线预订功能的逐步完善，以去哪儿、马蜂窝等为代表的在线旅游服务商在旅游供应链中的角色转换将改变市场的竞争格局。

（二）进一步扩展理论模型

本书从商业运营的视角对在线旅游供应链整合与优化进行了研究，但没有对供应链中的非营利机构、地方政府等供应链成员展开深入研究。大部分有价值的在线旅游信息来源于商业渠道，还有一些信息则来源于旅游目的地的公共服务部门、非营利机构等，如气象部门、卫生部门、交通运输部门等，这些与旅游活动相关的公共信息已逐步被整合到在线旅游信息平台之中。因此，旅游目的地的公共服务部门、非营利机构等对在线旅游供应链运营的贡献是不可忽视的。由于旅游目的地的公共及非营利性质的在线信息服务非常广泛，以及个人研究能力和篇幅的限制，本书未对其展开深入研究。

（三）更具国际化研究视野

从在线旅游国内外的发展态势来看，国际化是其发展的必然趋势。自2009年开始，Expedia作为全球较大的在线旅游公司，通过资本运作收购了一些专注在线预订、酒店和目的地用户评论、旅行垂直搜索、在线商务旅行管理的在线旅游网站，其业务范围涉及旅行预订、用户评论、垂直搜索、商务旅行等多个领域。2012年Priceline与携程建立合作关系，2014年它又向携程投资5亿美元。这些国际OTA巨头和新锐势力都看好我国在线旅游市场的巨大潜力。本书借鉴了Priceline、Tripadvisor、Expedia、Orbitz等国际OTA的一些成功经验，如Expedia的多品牌多模式发展路径，但由于跨国对比研究难度大、国际化差异等原因，未来还需继续对相关企业的发展战略进行深入研究。

（四）相关内容定量研究尚显不足

在线旅游供应链的运作效率评价、优化目标考核等都需要更深入的定量研究。本书主要采用了文献分析、案例研究和归纳演绎等方法对供应链的整合与优化进行了探索性研究，建立了在线旅游供应链整合与优化的理论研究框架体系，后续尚需沿着这个思路开展定量研究。

二、研究展望

在线旅游行业发展势头迅猛，在线旅游的技术应用和商业模式也在持续地创新之中。因此，在线旅游供应链也处于动态的优化调整之中，未来它还可能发生较大的变革。

（一）对在线旅游持续创新运营模式的跟踪研究

随着互联网和移动通信技术的高速发展，信息技术和旅游业的融合还会加深，这将不断催生新的在线旅游运营模式。在线旅游的创新空间巨大，不仅表现在向传统旅游业务的渗透，还表现在对旅游相关产业的扩张。

从旅游产品的细分市场来看，周边游、出境游、休闲游、商务旅行等细分市场分别形成了一批专业的在线旅游服务运营商，它们在这些市场中精耕细作，培育了竞争优势和特色。

从旅游活动的"六要素"来看，住宿领域的在线预订专业性和覆盖率稳步提高，交通领域的在线预订正由"大交通"（飞机、火车、汽车、邮轮）逐步向"小交通"（打车、租车、机场大巴等）延伸，与休闲旅游有关的在线预订也在不断发展，如景区门票、餐饮、娱乐、导游等方面的在线预订。在线旅游正改造着传统旅游业务的每一个环节，勾勒出一幅由"行"到"游"的"新蓝海路线图"。

从旅游产业链的角度来看，在线旅游未来可能会向旅游地产、金融、文化等行业渗透，并构筑起广义上的旅游产业链条，接入更广泛的服务资源，营造一个综合性的线上消费场景和空间，其盈利模式也将从单纯的用户交易延伸到地产运营、文化创意、旅游金融、整合营销和文旅公共服务等领域。从在线旅游的商业模式演进来看，OTA正在向OTP、OTM等综合性更强的运营平台转变，其供应链资源整合与关系协调也势必更加复杂。

在线旅游商业模式的演进如图8-1所示。

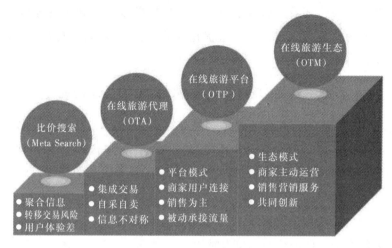

图8-1　在线旅游商业模式的演进

此外，信息技术的发展使得在线旅游向无线领域延伸，加快了传统旅游产业的变革，促使旅游APP应用场景的创新以及二维码（QR）、近场通信（NFC）、可见光无线通信（Li-Fi）、人工智能（AI）、全息技术、生物识别技术、数字货币、区块链等成为旅游行业在移动互联网领域的研究方向。因此，面对游客个性化需求和旅游供应链复杂环境，动态生成定制服务的供应链响应能力必将持续提升，在线旅游产品的吸引力也将更大，未来还需跟踪研究持续创新的在线旅游运营模式。

（二）对虚拟集群式旅游供应链模型的延伸研究

本书从企业管理视角研究了以在线旅游服务商为核心的供应链单链优化问题，这是当前在线旅游"群雄并起"式初级发展阶段的必经过程，只有先通过兼并重组、优胜劣汰形成一批标杆式的龙头企业，才能推动在线旅游供应链向更高层次演化。

从行业发展趋势可以预见，未来在线旅游供应链的整合与优化将不断深入，虚拟集群式在线旅游供应链将构建起更大的旅游信息平台，能够进一步提高旅游供应链的知识共享、信息交互和个性化定制等水平，实现更多企业、不同区域的旅游要素协同与发展。

目前已有学者提出了在线旅游虚拟集群式在线旅游供应链的概念性框架，然而其内在的资源整合与关系协调非常复杂，并且很难获取相关的基础资料。未来，随着大数据、云计算、区块链以及智慧旅游等信息技术和电子商务的发展，在线旅游单链优化问题将会逐步向供应链集群式发展研究转变。

（三）对在线旅游O2O模式旅游供应链的后续研究

在线旅游如果仅仅作为渠道，前端打"价格战"，后端游客比价，同时供给有限的资源，就会进一步压缩佣金空间，比如机票、酒店等代理佣金空间就会越来越小，传统OTA终究会面临盈利与成长的瓶颈。旅游供应链竞争的焦点将从"线上"转向"线下"，也就是从单纯以渠道（或者说平台）能力为核心竞争力的时代过渡到集资源控制力、渠道能力和目的地综合服务能力于一体的综合竞争力时代。

从行业实践来看，一些新的思想和变革正在酝酿之中。淘宝、美团、万达等跨界资本正瞄准在线旅游新模式。例如，万达集团进军旅游业，从自建酒店、城市文化旅游区、度假区到大肆收购国内旅行社，试图打造以线下实体资源和服务为核心的供应链。

这些行业动态预示着以OTA为代表的在线旅游销售渠道控制将被打破，未来旅游"巨无霸"企业一定是集线上线下资源于一体的O2O生态圈企业。垂直搜索、旅游点评等新兴在线旅游渠道"截杀者"只能算是"刺客"，围绕线下资源开展O2O模式的"占据源头者"才是"革命者"。线下资源与服务才是旅游供应链的核心所在，旅游产业上游资源价值将重新崛起。未来构建以线下资源（景区）为核心的旅游供应链将更符合产业发展的规律，也只有线下旅游资源与服务的供应商获得发展才能够真正推动旅游业的可持续发展，这才是未来旅游业发展的"蓝海"。

上述研究局限构成了本书的不足之处，行业实践的发展动态为后续研究指出了方向。在线旅游市场发展空间广阔，在线旅游供应链的整合与优化问题也将不断深入，笔者今后将会一如既往地跟踪行业的新动态、新问题，开展更多的理论与实证研究，为旅游企业、旅游目的地的可持续发展尽绵薄之力。

参考文献

[1] Čavlek N,张歆梅,舒华.旅游运营商市场战略:从"旅游运营商制造"到"旅游价值链制造"[J].旅游学刊,2013,28(2):12-15.

[2] 白凯,吕洋洋,李薇薇.旅游网站信息类型、品牌与服务保证对网站信任的影响[J].旅游学刊,2014,29(3):91-99.

[3] 包富华,李玲,郑秋婵.互联网旅游企业商业模式分析研究——以携程旅行服务公司为例[J].生态经济,2013(3):156-159,165.

[4] 曾凡斌.互联网使用方式与社会资本的关系研究——兼析互联网传播能力在其间的作用[J].湖南师范大学社会科学学报,2014,43(4):152-160.

[5] 柴海燕.旅游地网络口碑对消费行为的影响及营销对策[J].中国地质大学学报(社会科学版),2009,9(6):104-107.

[6] 陈阁芝,刘静艳,王雅君.旅游供应链协同创新的治理困境:契约还是关系?[J].旅游学刊,2017,32(8):48-58.

[7] 陈剑,肖勇波.供应链管理研究的新发展[J].上海理工大学学报,2011,33(6):694-700,508.

[8] 陈敬芝.旅游供应链运作模式可靠性的评价指标体系构建研究[J].物流技术,2013,32(5):71-72,98.

[9] 陈菊红,赵娜.供应链价值创造的驱动因素及过程研究[J].科技管理研究,2006(12):243-246.

[10] 陈瑞卿.旅游供应链本质的研究[D].开封:河南大学,2009.

[11] 苏尼尔·乔普拉,彼得·迈因德尔.供应链管理[M].5版.陈荣秋,等,译.北京:中国人民大学出版社,2013.

[12] 陈喆芝,赵黎明,许静.基于微分博弈的旅游供应链低碳合作研究[J].旅游学刊,2016,31(6):38-49.

[13] 程建刚,李从东.服务供应链研究综述[J].现代管理科学,2008(9):101-102.

[14] 崔诗远,肖江南.离散模糊报童问题的符号距离法及其在旅游时令产

品中的应用[J].物流技术,2008(4):153-155.

[15] 代葆屏.旅行社供应链管理模式初探[J].北京第二外国语学院学报,2002(1):19-22,32.

[16] 戴建华,薛恒新.基于Shapley值法的动态联盟伙伴企业利益分配策略[J].中国管理科学,2004(4):34-37.

[17] 单汨源,吴宇婷,任斌.一种服务供应链拓展模型构建研究[J].科技进步与对策,2011,28(21):10-16.

[18] 邓小娟,于正松.旅游供应链成员协作关系治理问题研究[J].物流技术,2014,33(3):255-257.

[19] 邓仲春,鲁耀斌,于建红.中美旅游电子商务的比较研究[J].工业技术经济,2005(9):131-134.

[20] 杜军平.建设以移动通信和物联网为特色的智能旅游公共服务平台[J].旅游学刊,2012,27(9):8.

[21] 房进军,刘玲.基于Shapley值法的旅游供应链利益分配[J].物流技术,2015,34(16):114-117.

[22] 冯萍.消费者网络银行使用意愿实证研究[D].北京:对外经济贸易大学,2005.

[23] 冯珍,王程.智慧旅游服务供应链中竞争企业的进化博弈[J].贵州社会科学,2014(3):94-97.

[24] 傅胜蓝,秦进.在线度假旅游产品消费者购买意向的实证分析——消费经验的调节作用[J].管理现代化,2014,34(6):40-42.

[25] 盖玉妍.基于顾客价值的旅游产业价值链整合研究[J].黑龙江社会科学,2008(3):73-76.

[26] 高玥.旅游供应链中的伦理管理问题研究[J].经济研究导刊,2010,(35):200-201.

[27] 高志洋.旅游供应链管理研究新范式社会网络分析范式[J].商业经济研究,2016(7):187-189.

[28] 桂媚君.个人网上银行使用意愿影响因素的实证研究[D].杭州:浙江大学,2007.

[29] 郭海玲,严建援,张丽,等.旅游服务供应链形成动因及其模式演进[J].物流技术,2011,30(12):169-173.

[30] 郭强.资源保护型旅游供应链协调机制与精益化研究[M].北京:科学出版社,2011.

[31] 郭强,董骏峰.旅游供应链中资源保护型景区门票定价模型[J].预测,2012,31(1):65-69.

[32] 郭伟,卢遵伟.旅游供应链结构演进及其核心企业重构[J].企业经济,2014(7):110-113.

[33] 郭雅琴.网上旅游代理商的形成机理研究[D].北京:北京交通大学,2009.

[34] 国家旅游局.国家旅游局关于促进智慧旅游发展的指导意见[N].中国旅游报,2015-01-12.

[35] 韩璐.移动增值业务消费者使用意愿实证研究[D].北京:北京邮电大学,2011.

[36] 郝芳.基于虚拟集群式视角的我国旅游产业供应链优化模型构建[J].商业经济研究,2017(5):195-197.

[37] 郝钰.社会化媒体影响旅游消费者行为的调查研究[D].北京:首都经济贸易大学,2012.

[38] 洪肯堂.供应链合作价值创新:供应链管理的新模式[J].物流技术,2010,29(1):99-101.

[39] 侯静怡,梁昌勇,周明勇.旅游供应链服务质量与成本控制研究[J].现代管理科学,2014(4):96-98,117.

[40] 胡田,郭英之.旅游消费者在线购买旅游产品的信任度、满意度及忠诚度研究[J].旅游科学,2014,28(6):40-50.

[41] 黄爱青.在线旅游服务商服务营销策略研究[J].商业时代,2013(17):59-60.

[42] 黄丹霞,张俐俐.构建以旅行社为核心的绿色旅游供应链初探[J].安徽农业科学,2009,37(5):2232-2233,2237.

[43] 黄继元.旅游企业在旅游产业价值链中的竞争与合作[J].经济问题探索,2006(9):97-101.

[44] 黄荣贵,骆天珏,桂勇.互联网对社会资本的影响:一项基于上网活动的实证研究[J].江海学刊,2013(1):227-233.

[45] 黄小军.旅游服务供应链协调机制与整体优化研究[D].南昌:南昌大

学,2009.

[46] 简兆权,李雷,柳仪.服务供应链整合及其对服务创新影响研究述评与展望[J].外国经济与管理,2013,35(1):37-46.

[47] 简兆权,肖霄.网络环境下的服务创新与价值共创:携程案例研究[J].管理工程学报,2015,29(1):20-29.

[48] 江金波,梁方方.旅游电子商务成熟度对在线旅游预订意向的影响——以携程旅行网为例[J].旅游学刊,2014,29(2):75-83.

[49] 金卫东.智慧旅游与旅游公共服务体系建设[J].旅游学刊,2012,27(2):5-6.

[50] 劳本信,杨路明,李小花,等.电子商务环境下的旅游价值链重构[J].商业时代,2005(23):78-79.

[51] 雷翔虎.供应链管理中的冲突分析及对策[J].物流科技,2009,32(9):90-92.

[52] 黎枫,徐道明.供应链突发事件的应急策略[J].统计与决策,2011(12):179-181.

[53] 黎巎,Buhalis D,张凌云.信息科学与旅游的交叉研究:系统综述[J].旅游学刊,2013,28(1):114-128.

[54] 黎巎.旅游信息化作为旅游产业融合方式的历史背景与发展进程[J].旅游学刊,2012,27(7):7-8.

[55] 李鹤.移动互联网业务使用行为影响因素研究[D].北京:北京邮电大学,2010.

[56] 李建州,张运来,李惠璠.移动互联网在旅游业中的应用研究[J].旅游学刊,2011,26(10):89-94.

[57] 李君轶,张柳,孙九林,等.旅游信息科学:一个研究框架[J].旅游学刊,2011,26(6):72-79.

[58] 李雷,赵先德,简兆权.电子服务概念界定与特征识别——从商品主导逻辑到服务主导逻辑[J].外国经济与管理,2012,34(4):2-10.

[59] 李莉,张捷.互联网信息评价对游客信息行为和出游决策的影响研究[J].旅游学刊,2013,28(10):23-29.

[60] 李天阳,何霆,徐汉川.面向价值的服务供应链运作过程模型[J].计算机集成制造系统,2015,21(1):235-245.

[61] 李万立,燕浩鹏,李平.关于旅游供应链研究中几个问题的思考——兼与路科同志商榷[J].旅游学刊,2007(9):92-96.

[62] 李万立.转型时期我国旅游供应链优化机制研究[D].济南:山东师范大学,2006.

[63] 李云鹏,段国强,沈华玉,等.对在线旅游市场监管政策的建议——基于主流旅游网站的调研[J].学术交流,2013(S1):88-91.

[64] 李云鹏,胡中州,黄超,等.旅游信息服务视阈下的智慧旅游概念探讨[J].旅游学刊,2014,29(5):106-115.

[65] 李芸,周玲强,杜萍.在线旅游企业商业模式创新路径比较研究[J].科学与管理,2014,34(2):23-29.

[66] 李志飞.异地性对冲动性购买行为影响的实证研究[J].南开管理评论,2007(6):11-18.

[67] 林红梅.服务供应链中旅游服务集成商的选择及量化分析[J].企业经济,2012,31(7):98-101.

[68] 林红梅.旅游服务供应链运作风险分析及其量化[J].企业经济,2013,32(7):118-121.

[69] 林家宝,鲁耀斌,张龙.移动服务供应链的收益分配机制研究[J].管理学报,2009,6(7):906-909.

[70] 林强,魏光兴.基于公平偏好的旅游服务供应链定价决策与契约协调[J].旅游学刊,2018,33(4):59-69.

[71] 刘浩.旅游供应链可靠性评价与管理[J].商业时代,2011(29):135-136.

[72] 刘庆余.PPG模式与旅游业供应链管理创新[J].旅游学刊,2008(9):54-59.

[73] 刘亭立.旅游价值链研究综述:回顾与展望[J].旅游学刊,2013,28(2):60-66.

[74] 刘娴,赵中华.不确定环境下旅游供应链联盟企业关系资本策略的演化博弈分析[J].旅游科学,2019,33(2):42-58.

[75] 陆均良,孙怡,王新丽.移动互联网用户继续使用意愿研究——基于自助游者的视角[J].旅游学刊,2013,28(4):104-110.

[76] 罗文标.基于供应链协调的在线旅游企业商业模式创新研究[J].物流技术,2014,33(23):40-42.

[77] 吕兴洋,徐虹,杨永梅.供应链视角下旅游者权力研究[J].旅游学刊,2011,26(11):34-38.

[78] 麻学锋.旅游产业结构升级的动力机制与动态演化研究[J].新疆社会科学,2010(5):21-26.

[79] 马宏丽.网络环境下景区主导型旅游供应链合作盈利模式研究[J].物流技术,2014,33(7):300-303.

[80] 马青.现代信息技术背景下个性化旅游服务供应链研究[D].济南:山东财经大学,2012.

[81] 倪文斌,张怀修.供应链整合研究综述[J].商业经济,2010(20):68-70.

[82] 潘翰增.旅游服务供应链协调研究[D].哈尔滨:哈尔滨理工大学,2011.

[83] 潘文安,张红.供应链伙伴间的信任、承诺对合作绩效的影响[J].心理科学,2006(6):1502-1506.

[84] 潘文安.供应链伙伴关系、整合能力与合作绩效的实证研究[J].科技进步与对策,2006(5):105-108.

[85] 潘文军.基于新市场环境影响的我国旅游供应链重构研究[J].商业经济与管理,2015(10):89-96.

[86] 潘晓东,鄢章华,滕春贤.旅游服务供应链信任均衡研究[J].科技与管理,2011,13(4):31-34.

[87] 庞璐,李君轶.电子口碑对餐厅在线浏览量影响研究[J].旅游学刊,2014,29(1):111-118.

[88] 彭家敏,谢礼珊,封霖.基于内容分析法的我国在线旅游预订网站FTPs实施现状研究[J].管理现代化,2014,34(5):97-99.

[89] 彭敏,杨效忠,瞿文凤,等.国外社会化媒体在旅游业中的应用研究进展及启示[J].人文地理,2013,28(5):12-18.

[90] 彭敏,杨效忠,朱瑞琪.境外信息技术与旅游的交叉研究进展——基于ENTER会议文献集(2005~2012)的统计分析[J].旅游学刊,2014,29(1):119-126.

[91] 彭小敏,王东,李姿含.移动电子商务在旅游业中的应用前景分析[J].知识经济,2009(9):88-89.

[92] 蒲国利,苏秦,刘强.一个新的学科方向——供应链质量管理研究综

述[J].科学学与科学技术管理,2011,32(10):70-79.

[93] 秦立公,朱可可,王译晨.旅游服务供应链集成对旅游服务创新能力的影响:中介与调节效应检验[J].桂林理工大学学报,2019,39(3):751-757.

[94] 秦莲莲,赵公民.基于AHP-FCE法的旅游服务供应链绩效评价研究[J].商业经济研究,2015(35):115-117.

[95] 申强,杨为民,刘笑冰.会展供应链结构优化模型构建与系统优化[J].经济与管理研究,2014(10):109-112.

[96] 石建中,康伟,李志刚.关于在线旅游企业网络组织的研究[J].旅游论坛,2011,4(5):48-53,73.

[97] 石园,黄晓林,张智勇,等.基于信息共享的旅游供应链合作预测问题研究[J].经济地理,2013,33(6):170-175.

[98] 舒波.基于复杂网络的旅游服务供应链集成性评价[J].统计与决策,2011(8):68-71.

[99] 舒伯阳,徐静.基于搜索引擎平台的在线旅游互动营销整合模式研究[J].旅游论坛,2013,6(1):87-91.

[100] 宋华.服务供应链[M].北京:中国人民大学出版社,2012.

[101] 宋之杰,石晓林,石蕊.在线旅游产品购买意愿影响因素分析[J].企业经济,2013(10):96-100.

[102] 唐芙蓉.移动支付技术采纳的影响因素研究[D].成都:电子科技大学,2008.

[103] 唐云.基于斯坦伯格博弈模型的旅游供应链最优价格策略解析[J].商业时代,2014(20):111-112.

[104] 陶春峰,谌贻庆.区域旅游企业联盟形成动因及特点[J].人民论坛,2012(36):88-89.

[105] 王海弘.旅游服务供应链信息资源共享的影响因素研究[J].辽宁大学学报(哲学社会科学版),2014,42(4):96-103.

[106] 王宏星.移动互联网技术在旅游业中的应用研究[D].杭州:浙江大学,2004.

[107] 王惠,马斌,刘晓宇.基于信息共享的旅游产业供应链信息资源整合问题研究——以山西省为例[J].物流技术,2014,33(1):345-348,353.

[108] 王慧.中国在线旅游企业移动互联网战略业务分析——以携程为例[J].特区经济,2014(2):155-156.

[109] 王兰兰.旅游服务供应链的协调问题研究[D].广州:暨南大学,2009.

[110] 王玲.基于博弈论的供应链信任产生机理与治理机制[J].软科学,2010,24(2):56-59.

[111] 王锡秋.顾客价值及其评估方法研究[J].南开管理评论,2005(5):33-36.

[112] 王细芳.旅游供应链柔性研究——面向旅游服务贸易竞争力的提升[M].上海:上海财经大学出版社,2012.

[113] 王细芳,陶婷芳.面向散客时代的柔性旅游供应链模型研究[J].生态经济,2012(9):42-48.

[114] 王莹,金刘江,刘雪美.农家乐供应链绩效评价体系探讨——以浙江省典型地区为例[J].江苏商论,2011(6):135-137.

[115] 王真真.中国旅游在线评论对旅游消费者购买决策影响的实证研究[D].北京:北京第二外国语学院,2012.

[116] 王振锋.服务供应链合作关系与利益分配研究[D].重庆:重庆大学,2011.

[117] 魏丽英,路科.旅游业供应链模式的嬗变与发展趋势[J].商业时代,2014(24):124-126.

[118] 翁钢民,宁楠.我国在线旅游(OTA)发展潜力评价及应用研究[J].商业研究,2015(1):175-179.

[119] 吴琳萍.中国旅行社产品供应链优化研究[D].厦门:厦门大学,2006.

[120] 伍春,唐爱君.旅游供应链模式及其可靠性评价指标体系构建[J].江西财经大学学报,2007(5):107-109.

[121] 肖迪,潘可文.基于收益共享契约的供应链质量控制与协调机制[J].中国管理科学,2012,20(4):67-73.

[122] 谢礼珊,关新华.在线旅游服务提供者顾客需求知识的探索性研究——基于在线旅游服务提供者和顾客的调查[J].旅游科学,2013,27(3):1-17.

[123] 徐峰,丁毅,侯云章.在线评论影响下的供应链合作模式研究[J].东南大学学报(哲学社会科学版),2013,15(4):52-57,135.

[124] 徐虹,周晓丽.旅游目的地供应链概念模型的构建[J].旅游科学,2009,23(5):15-20.

[125] 徐虹.供需环境变化对旅游目的地供应链内涵的影响研究[J].北京第二外国语学院学报,2009,31(9):14-19.

[126] 徐虹,吕兴洋,刘宇青,等.旅游供应链权力转移实证研究[J].旅游科学,2012,26(2):19-28.

[127] 徐会奇,齐齐,王克稳.基于网络化环境的旅游供应链构建研究[J].商业研究,2013(3):205-211.

[128] 许德惠,李刚,孙林岩,等.环境不确定性、供应链整合与企业绩效关系的实证研究[J].科研管理,2012,33(12):40-49.

[129] 徐志.旅游产业的牛鞭效应及解决方案[J].江西社会科学,2012,32(12):56-60.

[130] 薛利敏.夏普利值在利益分配中的应用[J].商场现代化,2006(8):162-163.

[131] 鄢章华,滕春贤,刘蕾.供应链信任传递机制及其均衡研究[J].管理科学,2010,23(6):64-71.

[132] 闫德利,张健.我国旅游信息化的发展历程与动力机制[J].旅游纵览(下半月),2013(8):16-19.

[133] 闫旭晖.识别和选择顾客价值的系统方法论研究[J].系统科学学报,2011,19(2):90-95.

[134] 晏国祥,方征.论消费者行为研究范式的转向[J].外国经济与管理,2006,28(1):54-59.

[135] 杨晶.基于多元结构的旅游供应链协调机制研究[D].厦门:厦门大学,2009.

[136] 杨丽,李帮义,兰卫国.基于旅游产品定价的旅游供应链利润分配协调研究[J].生态经济,2009(2):106-108,124.

[137] 杨丽,张志勇,兰卫国.基于委托代理理论的国内旅游市场利益冲突[J].中国流通经济,2012,26(8):98-103.

[138] 杨丽.旅游供应链合作协调研究——从产品差异化视角[M].北京:对外经贸大学出版社,2013.

[139] 杨路明,劳本信.电子商务对传统旅游价值链的影响[J].中国流通经

济,2008(4):38-41.

[140] 杨路明,巫宇,等.现代旅游电子商务教程[M].2版.北京:电子工业出版社,2007.

[141] 杨敏.在线旅游信息搜寻:需求、行为和机制[D].西安:陕西师范大学,2012.

[142] 杨树.旅游供应链竞争与协调[D].北京:中国科学技术大学,2008.

[143] 杨艳.基于利润和销售最大化的旅游供应链战略选择[J].物流技术,2014,33(5):400-402,415.

[144] 杨阳.基于CPFR的旅游供应链协同模式研究[D].秦皇岛:燕山大学,2013.

[145] 杨依依.企业价值与价值创造的理论研究[D].武汉:武汉理工大学,2006.

[146] 姚静姝,刘婷.在线旅游BATX阵营企业联盟现状研究[J].中国市场,2014(46):141-142,150.

[147] 姚昆遗,向富华.基于SCP范式的中国在线旅游服务业实证研究[J].特区经济,2006(5):215-216.

[148] 姚唐,郑秋莹,邱琪,等.网络旅游消费者参与心理与行为的实证研究[J].旅游学刊,2014,29(2):66-74.

[149] 叶莉莉.在线旅游网站客户虚拟体验的实现——以携程网为例[J].中国管理信息化,2015,18(1):195-196.

[150] 于亢亢.服务供应链的模型与构建[J].现代商业,2007(21):156-158.

[151] 俞飞,徐阳阳,田涛.智慧旅游背景下旅游服务供应链模型构建及运行机制研究[J].安徽农业大学学报(社会科学版),2017,26(2):41-48.

[152] 俞海宏,刘南.激励机制下服务供应链的收益分享契约协调性研究[J].数学的实践与认识,2011,41(12):69-79.

[153] 湛玉婕,李贤功,朱作付.资源整合思路下旅游移动电子商务研究[J].商业时代,2014(9):60-61.

[154] 张凤玲,岑磊.旅游供应链可靠性评价模型分析[J].商业时代,2010(20):117,132.

[155] 张海鸥.我国旅游OTA发展态势探析[J].云南财经大学学报,2014,30(2):154-160.

[156] 张慧颖,徐可,于溟川.社会资本和供应链整合对产品创新的影响研究——基于中国实证调查的中介效应模型[J].华东经济管理,2013,27(7):164-170.

[157] 张捷,温明华,刘泽华,等.信息通信技术与旅行旅游业研究发展趋势——国际信息技术与旅游业联盟(IFITT)11届大会综述[J].旅游学刊,2004(3):93-94.

[158] 张捷,张进,刘佳.基于价值链理论的科学技术与旅游业结合模式研究[J].旅游科学,2005(1):12-16.

[159] 张璐,秦进.在线旅游服务供应链风险分析[J].中国管理科学,2012,20(S2):580-585.

[160] 张维迎.博弈论与信息经济学[M].上海:上海人民出版社,2004.

[161] 张晓凤.基于三级供应链利润共享契约的在线旅游服务供应链协调机制研究[D].厦门:厦门大学,2014.

[162] 张晓明,张辉,毛接炳.旅游服务供应链中核心企业演变趋势的探讨[J].中国商贸,2010(8):165-166.

[163] 张聿超.产业融合背景下旅游供应链协调机制研究[D].秦皇岛:燕山大学,2013.

[164] 张云涛.基于层次分析与模糊决策的旅游供应链绩效评价研究[J].物流技术,2015,34(1):231-234.

[165] 赵亚蕊.国外供应链整合的研究述评与展望[J].商业经济与管理,2012(11):24-32.

[166] 郑四渭,方芳.虚拟集群式旅游供应链模型构建研究[J].旅游学刊,2014,29(2):46-54.

[167] 郑四渭.旅游服务供应链优化及模型构建研究——基于顾客价值创新的视角[J].商业经济与管理,2010(11):84-90.

[168] 周玲强,陈志华.旅游网站对旅游业价值链的再造[J].商业研究,2003(19):129-133.

[169] 朱峰.国外"旅游与信息技术"研究进展及启示[J].图书情报工作,2010,54(17):100-103.

[170] 朱晓东.报童模型下的供应链契约研究[J].江苏科技信息(学术研究),2011(11):110-112.

[171] 朱运海,戴茂堂.论旅游是合乎人性的生存——对旅游现象的哲学生存论诠释[J].旅游学刊,2014,29(11):104-114.

[172] 刁志波.旅游点评网站的经营模式与影响[C]//Information Engineering Research Institute,USA. Proceedings of 2012 International Conference on Arts, Social Sciences and Technology(AAST 2012). [S. l.]:[s. n.],2012:5.

[173] Alford P. A framework for mapping and evaluating business process costs in the tourism industry supply chain[C]//Frew A J. Information and Communication Technologies in Tourism 2005. Vienna: Springer, 2005:125-136.

[174] Munar A M, Jacobsen J S. Trust and involvement in tourism social media and web-based travel information sources[J].Scandinavian Journal of Hospitality and Tourism,2013,31(1):1-19.

[175] Baltacioglu T, Ada E, Kaplan M D, et al. A new framework for service supply chains[J]. The Service Industries Journal, 2007, 27(2): 105-124.

[176] Bimonte S, Punzo L F. The evolutionary game between tourist and resident populations and tourism carrying capacity[J]. International Journal of Technology and Globalisation, 2007, 3(1):73-87.

[177] Brown A, Kappes J, Marks J. Mitigating theme park crowding with incentives and information on mobile devices[J]. Journal of Travel Research, 2013,52(4): 426-436.

[178] Buhalis D. eTourism: information technology for strategic tourism management[M]. London: Pearson (Financial Times/Prentice-Hall), 2003.

[179] Buhalis D. Relationships in the distribution channel of tourism: conflicts between hoteliers and tour operators in the Mediterranean region [J]. International Journal of Hospitality and Tourism Administrative, 2000, 1(1):113-139.

[180] Buhalis D. Tourism distribution channels: practices and processes [M]//Buhalis D, Laws E. Tourism distribution channels: practices,

issues and transformations. London: Continuum International Publishing Group, 2001:7-32.

[181] Buhalis D, Law R. Progress in information technology and tourism management: 20 years on and 10 years after the Internet - the state of eTourism research[J]. Tourism Management, 2008, 29(4): 609-623.

[182] Burgess S, Sellitto C, Cox C, et al. Trust perceptions of online travel information by different content creators: some social and legal implications[J]. Service Industries Journal, 2009, 13(2): 162-185.

[183] Clark T H, Croson D C, Schiano W T. A hierarchical model of supply-chain integration: information sharing and operational interdependence in the US grocery channel[J]. Information Technology and Management, 2001, 2(3):261-288.

[184] Wang D, Zheng X, Fesenmaier D R. Adapting to the mobile world: a model of smartphone use[J]. Annals of Tourism Research, 2014, 48(6):12-26.

[185] Daugherty T, Li H R, Biocca F. Experiential e-commerce: a summary of research investigating the impact of virtual experience on consumer learning[M]// Haugtvedt C P, Machleit K A, Yalch R, et al. Online consumer psychology: understanding and influencing consumer behavior in the virtual world. New York: Psychology Press, 2005: 457-489.

[186] Davis F D. Perceived usefulness, perceived ease of use, and user acceptance of information technology[J]. MIS Quarterly, 1989, 13(3): 319-340.

[187] Davis F D, Bagozzi R P, Warshaw P R. Extrinsic and intrinsic motivation to use computers in the workplace[J]. Journal of Applied Social Psychology, 1992, 22(14):1111-1132.

[188] Duliba K A, Kauffman R J, Lucas H C. Appropriating value from computerized reservation system ownership in the airline industry[J]. Organization Science, 2001, 12(6):702-728.

[189] Anderson Jr E G, Morrice D J, Lundeen G. Stochastic optimal con-

trol for staffing and backlog policies in a two-stage customized service supply chain[J]. Production and Operations Management, 2006, 15(2):262-278.

[190] Backer E. Social media in travel, tourism and hospitality: theory, practice and cases[J]. Annals of Leisure Research, 2012, 15(4):434-435.

[191] Font X, Tapper R, Schwartz K, et al. Sustainable supply chain management in tourism[J]. Business Strategy and the Environment, 2008, 17(4):260-271.

[192] Frohlich M T, Westbrook R. Arcs of integration: an international study of supply chain strategies[J]. Journal of Operations Management, 2001,19(2):185-200.

[193] Schmid V, Doerner K F, Laporte G. Rich routing problems arising in supply chain management[J]. European Journal of Operational Research, 2010, 224(3):435-448.

[194] Giménez C, Ventura E. Logistics-production, logistics-marketing and external integration: their impact on performance[J]. International Journal of Operations & Production Management, 2005, 25(1):20-38.

[195] Gómez V B, Sinclair M T. Integration in the tourism industry: a case study approach[M]//Sinclair M T, Sinclair M J. The tourism industry: an international analysis. Wallingford: CAB International, 1991:67-90.

[196] Gretzel U. Intelligent systems in tourism: a social science perspective[J]. Annals of Tourism Research, 2011, 38(3):757-779.

[197] Harewood S. Coordinating the tourism supply chain using bid prices[J]. Journal of Revenue and Pricing Management, 2008,7:266-280.

[198] Mowen J C, Minor M S. Consumer behavior: a framework[M]. London:Prentice Hall, 2001.

[199] Zucker L G. Production of trust: institutional source of economic structure, 1840-1920[J]. Research in Organizational Behavior, 1986,8(2):53-111.

[200] Lafferty G, Fossen A V. Integrating the tourism industry: problems and strategies[J]. Tourism Management, 2015, 22(1):11-19.

[201] Ellram L M, Tate W L, Billington C. Understanding and managing the services supply chain[J]. Journal of Supply Chain Management, 2006, 40(3):17-32.

[202] Litvin S W, Goldsmith R E, Pan B. Electronic word-of-mouth in hospitality and tourism management[J]. Tourism Management, 2008, 29(3):458-468.

[203] Lu J, Lu Z. Development, distribution and evaluation of online tourism services in China[J]. Electronic Commerce Research, 2004, 4(3):221-239.

[204] Lummus R R, Vokurka R J. Defining supply chain management: a historical perspective and practical guidelines[J]. Industrial Management & Data Systems, 1999, 99(1):11-17.

[205] MacCannell D. Staged authenticity: arrangements of social space in tourist settings[J]. American journal of Sociology, 1973, 79(3):589-603.

[206] March R. An exploratory study of buyer - supplier relationships in international tourism: the case of Japanese wholesalers and Australian suppliers[J]. Journal of Travel & Tourism Marketing, 1997, 6(1): 55-68.

[207] March R. Buyer decision - making behavior in international tourism channels[J]. International Journal of Hospitality and Tourism Administration, 2000, 1(1):11-25.

[208] Tippins M J, Sohi R S. IT competency and firm performance: is organizational learning a missing link?[J]. Strategic Management Journal, 2003, 24(8):745-761.

[209] Michel S, Brown S W, Gallan A S. Service-logic innovations: how to innovate customers, no products[J]. California Management Review. 2008, 50(3):49-65.

[210] Monczka R M, Ragartz G L, Handfield R B. Supplier integration into new product development: preliminary results[J]. Advances in the Management of rganizational Quality, 1997, 2:87-138.

[211] Moore K R. Trust and relationship commitment in logistics alliances: a buyer perspective[J]. International Journal of Purchasing and Materials Management, 1998, 34(4):24-37.

[212] Moores S. The doubling of place: Electronic media, time-space arrangements and social relationships[M]//Couldry N, McCarthy A. Mediaspace: place, scale, and culture in a media age. London: Routledge, 2003:21-36.

[213] Morgan M S, Trivedi M. Service intermediaries: a theoretical modeling framework with an application to travel agents[J]. Journal of Modelling in Management, 2007, 2(2):143-156.

[214] Morosan C, Jeong M. Users' perceptions of two types of hotel reservation websites[J]. International Journal of Hospitality Management, 2008, 27(2):284-292.

[215] Kang M, Schuett M A. Determinants of sharing travel experiences in social media[J]. Journal of Travel & Tourism Marketing, 2013, 30(1-2):93-107.

[216] Neuhofer B. An analysis of the perceived value of touristic location based services[C]//Fuchs M, Ricci F, Cantoni L. Information and communication technologies in tourism 2012. Vienna: Springer, 2012:84-95.

[217] Pan B, Fesenmaier D R. Online information search: vacation planning process[J]. Annals of Tourism Research, 2006, 33(3):809-832

[218] Parasuraman A, Zeithaml V A, Berry L L. Servqual: a multiple-item scale for measuring consumer perceptions of service quality[J]. Journal of Retailing, 1988, 64(1):12-40.

[219] Pearce D G. A needs-functions model of tourism distribution[J]. Annals of Tourism Research, 2008, 35(1): 148-168.

[220] Peterson R A, Merino M C. Consumer information search behavior and the Internet[J]. Psychology & Marketing, 2003, 20(2):99-121.

[221] Prater E, Frazier G V, Reyes P M. Future impacts of RFID on e-supply chains in grocery retailing[J]. Supply Chain Management: an Inter-

national Journal, 2005, 10(2):134-142.

[222] Rasinger J, Fuchs M, Beer T, et al. Building a mobile tourist guide based on tourists' on-site information needs[J]. Tourism Analysis, 2009, 14(4): 483-502.

[223] Tapper R. Tourism and socio-economic development: UK tour operators' business approaches in the context of the new international agenda[J]. The International Journal of Tourism Research, 2001, 3(5): 351-366.

[224] Romero I, Tejada P.A multi-level approach to the study of production chains in the tourism sector[J]. Tourism Management, 2011, 32(2): 297-306.

[225] Rothstein M. Hotel overbooking as a Markovian sequential decision process[J]. Ecision Sciences, 1974, 5(3):389-404.

[226] Rusko R T, Kylanen M, Saari R. Supply chain in tourism destinations: the case of Levi Resort in Finnish Lapland[J]. International Journal of Tourism Research, 2009, 11(1):71-87.

[227] Senecal S, Nantel J. The influence of online product recommendations on consumers' online choices[J]. Journal of Retailing, 2004, 80(2): 159-169.

[228] Shapiro D L, Sheppard B H, Cheraskin L. Business on a handshake [J]. Negotiation Journal, 1992, 8(4):365-377.

[229] O'Shaughnessy J. A return to reason in consumer behavior: a hermeneutical approach[J]. Advances in Consumer Research. 1985, 12(1): 305-311.

[230] Sim J. Collecting and analysing qualitative data: issues raised by the focus group[J]. Journal of Advanced Nursing, 1998, 28(2):345-352.

[231] Smith S L J, Xiao H G.Culinary tourism supply chains: a preliminary examination[J]. Journal of Travel Research, 2008,46(3):289-299.

[232] Song H Y, Li G. Tourism demand modelling and forecasting - a review of recent research[J]. Tourism Management, 2008, 29(2):203-220.

[233] Srinivasan R, Lilien G L, Rangaswamy A. Technological opportun-

ism and radical technology adoption: an application to e-business[J]. Journal of Marketing, 2002, 66(3):47-60.

[234] Tan K C, Kannan V R, Handfield R. Supply chain management: supplier performance and firm performance[J]. International Journal of Purchasing and Materials Management, 1998, 34(3):2-9.

[235] Theuvsen L. Vertical integration in the European package tour business[J]. Annals of Tourism Research, 2004, 31(2):475-478.

[236] Uriely N. The tourist experience: conceptual developments[J]. Annals of Tourism Research, 2005, 32(1):199-216.

[237] Venkatesh V, Morris M G, Davis G B, et al. User acceptance of information technology: toward a unified view[J]. MIS Quarterly, 2003, 2(3):425-478.

[238] Wachsman Y. Strategic interactions among firms in tourist destinations[J]. Tourism Economics, 2006, 12(4):531-541.

[239] Wang D, Park S, Fesenmaier D. R. The role of smartphones in mediating the touristic experience[J]. Journal of Travel Research, 2012, 51(4):371-387.

[240] Wang Y C, Fesenmaier D R. Assessing motivation of contribution in online communities: an empirical investigation of an online travel community[J]. Electronic Markets, 2003, 13(1):33-45.

[241] White N R, White P B. Home and away: tourists in a connected world[J]. Annals of Tourism Research, 2007, 34(1):88-104.

[242] Wie B W. A dynamic game model of strategic capacity investment in the cruise line industry[J]. Tourism Management, 2005, 26(2):203-217.

[243] Wynne C, Berthon P, Pitt L, et al. The impact of the internet on the distribution value chain: the case of the South African tourism industry [J]. International Marketing Review, 2001, 18(4):420-431.

[244] Xiang Z, Gretzel U. Role of social media in online travel information search[J]. Tourism Management, 2010, 31(2):179-188

[245] Yilmaz Y, Bititci U S. Performance measurement in tourism: a value

chain model[J]. International Journal of Contemporary Hospitality Management, 2006, 18(4):341-349.

[246] Zhang X Y, Song H Y, Huang G Q. Tourism supply chain management: a new research agenda[J]. Tourism Management, 2009, 30(3): 345-358.

附　　录

附录A　在线旅游使用行为的半结构化访谈提纲

第一部分

1. 介绍访谈的主要目的。
2. 了解受访者基本情况（性别、年龄、籍贯、求学经历、职业经历等）。

第二部分

1. 请讲述一下您曾经开展过的自助旅游活动。
2. 自助旅游时，您会选择在线旅游服务吗？请阐述您这样做的理由。
3. 请描述您目前使用过的在线旅游服务项目，并给出评价。
4. 您认为哪些在线旅游服务对自助旅游最重要？您还希望改进或增加哪些服务内容？

第三部分

1. 对访谈主要观点的重述与总结。
2. 受访者补充的内容。

附录B 消费者对在线旅游服务的使用意愿及影响因素

调查问卷

尊敬的女士/先生：

您好！请原谅我将占用您一点时间。我是一名旅游管理专业的博士生，我们正在进行一项关于"在线旅游服务使用意愿及影响因素"的调查研究，希望您能够根据您的经历回答下面问卷中的问题。问卷回答采用匿名方式，调查数据仅用于学术研究，请您认真并如实填写完毕。请在相应的答案上打"√"。感谢您的支持与配合！

第一部分 在线旅游消费经历

您是否使用过在线旅游网站（手机APP）预订过旅游产品与服务？

A.没有　　　　　　　　B.有

第二部分 在线旅游服务的影响因素及使用意愿

使用"1"至"7"五个分值表明您对以下表述的认同程度。请您在认为合适的数字上打"√"	完全同意	同意	比较同意	不清楚	有点反对	反对	完全反对
1.通过在线旅游网站、手机APP等不同方式查询和预订在线旅游服务时,结果是一样的	7	6	5	4	3	2	1
2.通过在线旅游网站、手机APP等不同方式查询和预订在线旅游服务时,界面是一样的	7	6	5	4	3	2	1
3.在线旅游平台与传统旅行社相比,服务与产品有更多的可选择性	7	6	5	4	3	2	1
4.在线旅游平台与传统旅行社相比,可享受的旅游体验服务更多一些	7	6	5	4	3	2	1

续表

使用"1"至"7"五个分值表明您对以下表述的认同程度。请您在认为合适的数字上打"√"	完全同意	同意	比较同意	不清楚	有点反对	反对	完全反对
5.在线旅游平台与传统旅行社相比,产品与服务的宣传和说明更详细一些	7	6	5	4	3	2	1
6.在线旅游平台能够提供更快的服务	7	6	5	4	3	2	1
7.在线旅游平台能够提供更准确的服务	7	6	5	4	3	2	1
8.通过使用在线旅游平台提供的服务,我能够自由、随意地出门旅行	7	6	5	4	3	2	1
9.周围有很多人使用过在线旅游平台	7	6	5	4	3	2	1
10.在线旅游服务操作非常简单、方便	7	6	5	4	3	2	1
11.在线旅游服务流程非常清晰、明了	7	6	5	4	3	2	1
12.在线旅游平台提供的预订服务对我完成旅游活动帮助很大	7	6	5	4	3	2	1
13.在线旅游平台提供的旅游攻略等信息对我非常有用	7	6	5	4	3	2	1
14.在线旅游平台提供的服务让我的旅行变得更轻松	7	6	5	4	3	2	1
15.通过使用在线旅游平台提供的服务,让我能够买到相对划算的旅游产品	7	6	5	4	3	2	1
16.在线旅游平台提供的产品与服务都非常人性化	7	6	5	4	3	2	1
17.在线旅游产品与服务的描述非常详细,让我能够放心购买	7	6	5	4	3	2	1
18.在线旅游服务的点评很客观,让消费者觉得更加透明、公平	7	6	5	4	3	2	1
19.在线旅游平台用户多、销量大,值得信赖	7	6	5	4	3	2	1

使用"1"至"7"五个分值表明您对以下表述的认同程度。请您在认为合适的数字上打"√"	完全同意	同意	比较同意	不清楚	有点反对	反对	完全反对
20.如果有旅游的机会,我乐意使用在线旅游平台购买旅游产品与服务	7	6	5	4	3	2	1
21.我会向身边的亲朋好友推荐使用在线旅游平台	7	6	5	4	3	2	1

第三部分 被调查者的人口统计学特征

1.您的性别:

A.男 　　　　　　B.女

2.您的年龄:

A.20岁以下 　　　B.20—29岁

C.30—39岁 　　　D.40岁及以上

3.您的学历:

A.高中及以下 　　B.大专及本科

C.硕士 　　　　　D.博士